Spaß-Gebäck

Rosie Anness & Cortina Butler

für Kinder

EDITION XXL

INHALT

Wir backen schon, seit Rosie ein kleines Mädchen war. Wenn es draußen geregnet hat, haben wir unsere Zeit oft damit verbracht, kleine Kuchen für Feste und Geburtstage zu backen. Das waren Rosies erste Aktivitäten in der Küche. Um am Tisch arbeiten zu können, musste sie sich auf einen Stuhl stellen. Wir haben nur kleine Mengen verwendet, die sich leichter verarbeiten ließen. Ging dann etwas schief, war der Verlust nicht so groß. Da das Gebäck relativ schnell durchgebacken war, konnte keine Langeweile aufkommen und man brauchte nicht so lange zu warten, bis es abgekühlt war. Rosie liebte es, in der Schachtel mit den Papierförmchen zu kramen und nach einem besonders hübschen Muster zu suchen. Am schönsten war es jedoch, neue Geschmackskombinationen und Dekorationen zu erfinden. Natürlich liebte sie es ebenso, das kleine Gebäck zu essen. Zuerst zog sie vorsichtig das Papierförmchen ab, dann leckte sie die Glasur herunter. Das Backen selbst hat ihr jedoch am meisten Spaß gemacht – und das ist bis heute so geblieben.

Wir haben hier Backrezepte zusammengestellt, die bei Kindern sehr beliebt sind und mit unterschiedlichen Glasuren verziert werden können.

Gehen Sie die Rezepte am besten mit Ihrem Kind durch und lassen Sie es auswählen. Dann stehen die Chancen gut, dass alles aufgegessen wird. Sie können aber auch eines der Grundrezepte wählen und nach Belieben abwandeln und dekorieren.

Neben den Cupcakes finden Sie auch einige Rezepte für Whoopie Pies. Dabei handelt es sich um eine Art süßes Sandwich aus einem weichen Teig mit einer buttercremeartigen Füllung – eine amerikanische Spezialität. Cakepops dagegen sind kleine Kuchenbällchen, die mit Schokolade oder einer anderen Glasur überzogen werden und wie ein Lutscher serviert werden. Ebenso haben wir noch ein Rezept für kleine, bunte Macarons hinzugefügt, denen auch Erwachsene kaum widerstehen können.

Die meisten Rezepte in diesem Buch können Sie sehr gut zusammen mit Ihrem Kind backen. Sollten manche Dekorationen etwas komplizierter sein, dann nehmen Sie diese Rezepte als Überraschung – und freuen Sie sich auf den Gesichtsausdruck Ihres Kindes beim Anblick eines bunten Tellers mit verschiedenen Cupcakes, Cakepops, Whoopie Pies und Macarons!

Viel Freude beim Backen und Verzieren!

Rosie & Cortina

RATGEBER

ZUTATEN

Wir haben für diese Rezepte Butter verwendet, die Sie natürlich auch durch andere geeignete Backfette ersetzen können. Bei manchen Fetten entsteht ein etwas flüssigerer Teig. Dann ist es nicht nötig, noch Milch oder Fruchtsaft hinzuzufügen. Zur Herstellung von Buttercremeverzierungen sollte aus Geschmacksgründen jedoch unbedingt Butter verwendet werden. Was die Eier betrifft, so empfehlen wir, Eier mittlerer Größe zu verwenden. Alle Zutaten sollten Raumtemperatur haben, auch wenn es sich nur um kleine Mengen handelt. Harte Butter kann in der Mikrowelle bei mittlerer Hitze in einigen Sekunden weich gemacht werden, notfalls in mehreren Etappen, denn mit flüssiger Butter lässt sich kein luftiger Teig herstellen.

BACK-TEMPERATUR

Die angegebenen Backtemperaturen gelten für gewöhnliche Backöfen. Die meisten Rezepte werden bei 180 °C gebacken. Sollten Sie einen Umluftofen haben, reduzieren Sie die Temperatur auf 170 °C und machen Sie die Garprobe schon etwas früher als im Rezept angegeben.

GLUTENFREI BACKEN

Im Fall einer Glutenunverträglichkeit (Glutene sind Proteine, die in Weizen und anderen Getreidesorten wie Gerste und Roggen enthalten sind) können glutenfreie Mehlmischungen anstelle von gewöhnlichem Mehl verwendet werden. Um einen Teig zu erhalten, der gleichermaßen gut vom Löffel fließt, sollte eventuell etwas mehr Milch dazugegeben werden. Achten Sie darauf, dass auch das Backpulver glutenfrei ist. Wenn eines der Kinder oder der Gäste eine Glutenunverträglichkeit hat, backen Sie am besten alle Kuchen mit glutenfreiem Mehl. Die anderen werden keinen Unterschied merken.

Sollte kein glutenfreies Mehl erhältlich sein, kann auch Reismehl verwendet werden, allerdings nur für Cupcakes. Reismehl besteht aus sehr fein gemahlenem Reis. Sollte kein fein gemahlenes Reismehl verfügbar sein, ist auch ein etwas gröber gemahlener Reis zum Backen geeignet. Dabei wird auch die Beschaffenheit des Teigs etwas gröber.

CUPCAKES

Alle Zutaten sollten Zimmertemperatur haben und genau abgewogen werden. Überprüfen Sie außerdem Ihren Backofen: Wenn er einwandfrei funktioniert, kann eigentlich nichts schiefgehen. Falls Ihr Gebäck dennoch nicht perfekt gelingt, so wird es spätestens durch die Glasur und die Dekoration sehr appetitlich aussehen.

Cupcake-Förmchen gibt es in verschiedenen Größen. Wir haben bei unseren Rezepten Förmchen von mittlerer Größe verwendet (5 cm Ø am Boden, 3 cm hoch).

Im Handel sind auch Förmchen aus Backpapier erhältlich. Diese sind insbesondere für dunkle Teige gut

geeignet. Jedoch lösen sie sich allzu schnell vom gebackenen Teig ab. Helle Förmchen sind besser für helle Teige geeignet, wie z. B. mit Vanille oder Zitrone, bunt gemusterte passen gut zu Kuchen mit schlichter Dekoration. Aufwendig verzierte Kuchen sehen am schönsten aus, wenn sie in etwas flacheren Förmchen gebacken werden.

Gelegentlich sind auch ausgefallene Förmchen, beispielsweise in Form einer Blüte, mit Henkeln oder aus etwas festerem Papier erhältlich. Auch verschiedene Silikonförmchen werden mittlerweile überall angeboten. Diese lassen sich mehrmals verwenden und das Gebäck kann gleich in der Form serviert werden – falls Sie genügend Förmchen haben. Andernfalls können Sie sie herauslösen und ohne Förmchen oder in eine Serviette eingeschlagen servieren.

MULDENBLECHE

Cupcake-Förmchen sollten vor dem Befüllen und Backen in ein Muffin-Muldenblech gestellt werden, da sie nicht stabil genug sind, um alleine zu stehen. Der Teig könnte sie auseinanderdrücken und herauslaufen. Silikonförmchen dagegen sollten auf ein mit Backpapier ausgelegtes Backblech gestellt werden. Vor dem Befüllen mit Teig sollten sie eingefettet und mit Mehl ausgestäubt werden. Dann lassen sich die fertig gebackenen Kuchen leichter herauslösen.

GRUNDREZEPT: SCHOKOLADEN-CUPCAKES

➡ **Für 12 Stück**

120 g weiche Butter
120 g Rohrzucker
2 Eier
90 g Mehl
1 TL Backpulver
25 g Kakao
1–2 EL Milch

1 Den Backofen auf 180 °C vorheizen. Ein Muffinblech mt Cupcake-Förmchen auslegen.

2 Die Butter einige Minuten cremig rühren. Den Zucker hinzufügen und weiterrühren, bis die Mischung leicht und locker ist und eine blasse Farbe hat. Die Eier verquirlen und unter kräftigem Rühren nach und nach hinzufügen. Dabei 1 TL Mehl mit einrühren, damit die Mischung nicht gerinnt. Das Mehl mit dem Backpulver und dem Kakao mischen. Die Mischung über die Butter-Zucker-Masse sieben und schrittweise so viel Milch einrühren, bis der Teig schwer vom Löffel reißt.

3 Den Teig in die Förmchen füllen. Im Backofen 20– 25 Minuten backen, bis die Kuchen aufgegangen und leicht gebräunt sind und bei leichtem Druck auf die Oberfläche etwas nachgeben. Im Muffinblech auskühlen lassen, dann herausnehmen und auf einem Kuchengitter vollständig abkühlen lassen.

GRUNDREZEPT: GLUTENFREIE VANILLE-CUPCAKES

➡ **Für 12 Stück**

120 g Reismehl
1 TL glutenfreies Backpulver
120 g weiche Butter
120 g Zucker
2 Eier
1 TL Vanilleextrakt
1–3 EL Milch

1 Den Backofen auf 180 °C vorheizen. Ein Muffinblech mt Cupcake-Förmchen auslegen. Das Reismehl mit dem Backpulver vermischen und sieben.

2 Die Butter einige Minuten cremig rühren. Den Zucker dazugeben und weiterrühren, bis die Mischung leicht und locker ist. Die Eier verquirlen und mit dem Vanilleextrakt unter kräftigem Rühren nach und nach zur Butter-Zucker-Mischung hinzufügen. Dabei 1 TL Mehl mit einrühren, damit die Mischung nicht gerinnt. Das Mehl dazugeben und schrittweise so viel Milch einrühren, bis der Teig schwer vom Löffel reißt.

3 Den Teig in die Förmchen füllen. Im Backofen 20–25 Minuten backen, bis die Kuchen aufgegangen und leicht gebräunt sind und bei leichtem Druck auf die Oberfläche etwas nachgeben. Im Muffinblech auskühlen lassen, dann herausnehmen und auf einem Kuchengitter vollständig abkühlen lassen.

CAKEPOPS

Diese kleinen Kuchen lassen sich auf zwei verschiedene Weisen herstellen: durch Backen oder Formen. Zum Backen sind spezielle antihaftbeschichtete Backformen erhältlich, in denen die Cakepops in zwei Hälften gebacken werden. Gebackene Cakepops sind leichter als die geformten.

Bei geformten Cakepops wird aus Kuchenkrümeln und geschmolzener Schokolade oder Buttercreme eine Masse hergestellt, aus der beliebige Formen gestaltet werden können. Man braucht dafür keine speziellen Formen. Die Kuchen sind aufgrund ihrer üppigen Zutaten sehr kalorienreich. Ihre Herstellung ist eine gute Möglichkeit, um Kuchenreste zu verarbeiten.

GRUNDREZEPT: VANILLEKUCHEN

 **Für 20 – 24 Stück**

120 g weiche Butter
120 g Streuzucker (extrafein)
2 Eier
1 TL Vanilleextrakt
120 g Mehl
1 TL Backpulver
1 – 2 EL Milch

1 Den Backofen auf 180 °C vorheizen. Ein Backblech (21 × 10 × 7 cm) oder eine runde Kuchenform (Ø 20 cm) mit Backpapier auslegen.

2 Die Butter einige Minuten cremig rühren. Den Zucker hinzufügen und weiterrühren, bis eine lockere Mischung entstanden ist. Die Eier verquirlen und mit dem Vanilleextrakt vermischen. Nach und nach unter kräftigem Rühren zur Butter-Zucker-Mischung geben. 1 TL Mehl hinzugeben, damit die Masse nicht gerinnt. Das Mehl mit dem Backpulver mischen. Über die Masse sieben und die Milch hinzufügen. Alles zu einem zähflüssigen Teig verarbeiten, der schwer vom Löffel reißt.

3 Den Teig auf das Backblech oder in die Kuchenform streichen. Im Backofen 45 – 50 Minuten backen, bis der Kuchen leicht gebräunt ist und die Oberfläche beim Drücken leicht nachgibt. Den Kuchen auf einem Gitter abkühlen lassen.

GRUNDREZEPT: SCHOKOLADENKUCHEN

 **Für 20 – 24 Stück**

120 g weiche Butter
120 g Streuzucker (extrafein)
2 Eier
1 TL Vanilleextrakt
90 g Mehl
1 TL Backpulver
25 g Kakao
1 – 2 EL Milch

1 Den Backofen auf 180 °C vorheizen. Ein Backblech (21 x 10 x 7 cm) oder eine runde Kuchenform (Ø 20 cm) mit Backpapier auslegen.

2 Die Butter einige Minuten cremig rühren. Den Zucker hinzufügen und weiterrühren, bis eine lockere Mischung entstanden ist. Die Eier verquirlen und mit dem Vanilleextrakt vermischen. Nach und nach unter kräftigem Rühren zur Butter-Zucker-Mischung geben. 1 EL Mehl hinzufügen, damit die Masse nicht gerinnt. Das Mehl mit dem Backpulver und dem Kakao mischen. Über die Masse sieben und die Milch hinzufügen. Alles zu einem zähflüssigen Teig verarbeiten, der schwer vom Löffel reißt.

3 Den Teig backen wie beim Vanillekuchen.

WHOOPIE PIES

Kleine Kuchenkekse aus Schokoladenteig, die mit
einer weißen, lockeren Creme gefüllt und wie ein Sandwich
zusammengelegt werden, haben in den USA eine lange Tradition.
Dennoch waren Whoopie Pies in anderen Ländern bisher unbekannt.
Mittlerweile werden sie in vielen verschiedenen Geschmacksrichtungen
hergestellt und sind bei Kindern sehr beliebt.

Traditionelle Whoopie Pies sind sehr groß (bis zu
10 cm Ø), wir bevorzugen in den Rezepten jedoch die
kleineren. Normalerweise wird dem Teig Buttermilch
zugefügt, damit das in den USA als Backtriebmittel
verwendete Natriumhydrogencarbonat zur chemischen
Reaktion die nötige Säure erhält. Wir haben stattdessen
Backpulver verwendet, dem die Säure bereits zugesetzt
wurde. Die ursprünglichen Whoopie Pies hatten auch
keine Glasur. Wir haben die Verzierung so einfach wie
möglich gehalten, damit man sie gut aus der Hand essen kann.

GRUNDREZEPT: WHOOPIE PIES

➡ Für 16 Stück
80 g weiche Butter
130 g Streuzucker (extrafein)
1 Ei
1 TL Vanilleextrakt
200 g Mehl
2 TL Backpulver
120 ml Milch

1 Den Backofen auf 190 °C vorheizen. Zwei Backbleche mit Backpapier auslegen.

2 Die Butter einige Minuten cremig rühren. Den
Zucker hinzufügen und weiterrühren, bis eine lockere
Mischung entstanden ist. Das Ei verquirlen und mit dem
Vanilleextrakt vermischen. Nach und nach unter kräfti-
gem Rühren zur Butter-Zucker-Mischung geben.

3 Das Mehl mit dem Backpulver vermischen und sieben. Eine Hälfte davon zum Teig geben, dann die Hälfte
der Milch einrühren. Das restliche Mehl und die übrige
Milch hinzufügen und alles vermischen. Den Teig dabei
nicht zu lange rühren.

4 Mit einem Teelöffel 16 Teigkreise auf jedes der beiden Backbleche setzen (für insgesamt 32 Teigkreise).
10 – 12 Minuten im Backofen backen, bis sie leicht gebräunt und aufgegangen sind und bei leichter Berührung nachgeben. Herausnehmen und etwas abkühlen,
dann auf einem Kuchengitter vollständig auskühlen
lassen.

Variation – Schokoladen-Whoopie-Pies: Verringern
Sie die Mehlmenge auf 170 g und fügen Sie 30 g Kakao-
pulver hinzu.

DIE FÜLLUNG

Sie können eine einfache Buttercreme oder eine etwas
aufwendigere Marshmallow-Creme verwenden. Die
Rezepte für Teig und Füllungen können jederzeit miteinander kombiniert werden.

1 Sortieren Sie die Kuchen nach Form und
Größe. Bestreichen Sie die flache Seite mit
jeweils 1 EL der Füllung oder spritzen Sie sie
mit einem Spritzbeutel mit Sterntülle auf.

2 Legen Sie einen weiteren Kuchen mit der flachen Seite
auf die Füllung. Achten Sie darauf, dass die Creme dabei
nicht herausgequetscht wird. Füllen Sie alle Kuchen auf
diese Weise.

TOPPINGS

Für die meisten Dekorationen haben
wir fünf Typen von Toppings verwendet:
Rollfondant, Zuckerguss, Buttercreme,
Royal Icing (Eiweißglasur) und Baiser.

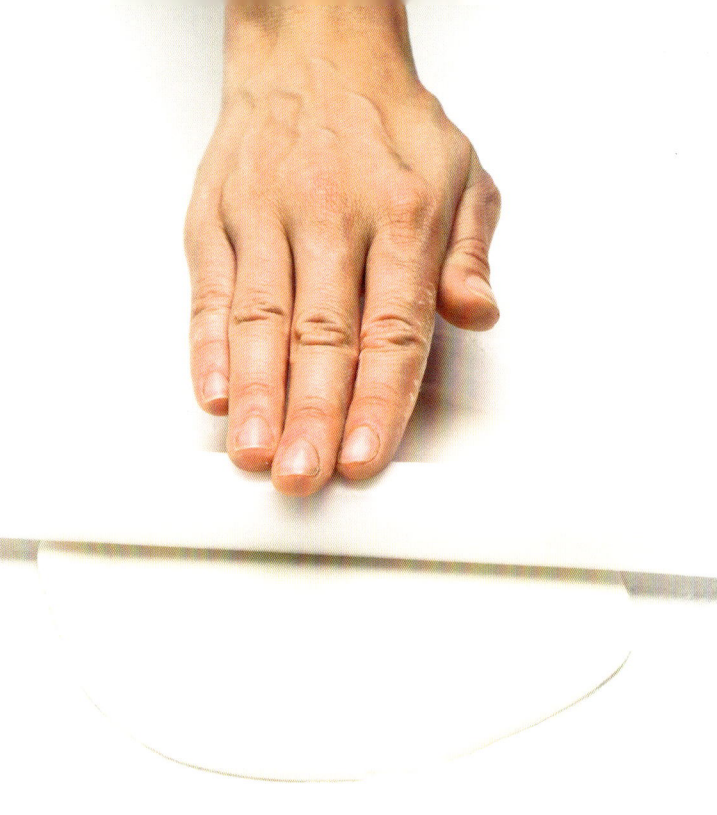

ROLLFONDANT

Rollfondant ist im Handel in verschiedenen Farben
erhältlich und kann auch mit Lebensmittelfarbgel
(nicht mit flüssiger Lebensmittelfarbe) gefärbt werden. Rot, Grün und Schwarz sind gut verfügbar.
Beim Kneten und Ausrollen färbt der Fondant auf
die Hände ab, was sich jedoch mit Wasser leicht ab-
waschen lässt. Er ist gut geeignet für ausgeschnittene
oder 3-D-Dekorationen.

Rollfondant trocknet schnell, daher muss man nach
der Fertigstellung der Dekoration auch nicht so lange
warten. Allerdings kann er schnell eintrocknen, wenn
man bei unfertigen Verzierungen vergisst, diese abzudecken. Verwenden Sie nur so viel, wie Sie brauchen
und decken Sie den Rest mit Plastikfolie ab.

Professionelle Konditoren verwenden Blüten- oder
Zuckerpaste, einen speziellen Fondant zur Herstellung
von Blüten oder anderen Dekorationen, der im Fachhandel erhältlich ist. Er lässt sich besonders dünn ausrollen und trocknet schneller und fester aus als Rollfondant. Wir haben Rollfondant verwendet, weil er
leichter verfügbar ist. Wenn Sie jedoch professionelle
Dekorationen herstellen möchten, sollten Sie Blüten-
paste einsetzen.

Bewahren Sie Kuchen mit einer Dekoration aus
Rollfondant nicht in fest verschließbaren Kunststoff-
behältern auf, weil der Fondant darin klebrig werden
kann. Besser ist es, die Kuchen mit einem sauberen
Geschirrtuch abzudecken.

Rollen Sie den Fondant auf einer mit Puderzucker
bestreuten oder leicht eingefetteten Arbeitsfläche aus.
Bei der Verwendung von Fett bleibt der Fondant geschmeidig und es bleiben keine weißen Puderzucker-
reste daran kleben.

Zur Herstellung von flachen Formen wird der Fondant ca. 3 mm dünn ausgerollt. Dann können Formen
ausgestochen oder mit einem kleinen, scharfen Messer
ausgeschnitten werden. Dabei kann die gewünschte
Form zuvor auf ein Stück Papier aufgezeichnet, auf-
gelegt und ausgeschnitten werden. Lassen Sie die fertigen Formen vor dem Aufsetzen auf die Kuchen
5–10 Minuten trocknen.

ZUCKERGUSS

Zur Herstellung dieser einfachsten aller Glasuren wird
Puderzucker mit Wasser oder Fruchtsaft vermischt
und bei Bedarf mit Lebensmittelfarbe gefärbt. In einen
Spritzbeutel mit feiner Lochtülle gefüllt lassen sich
damit einfache Linien aufspritzen. Zuckerglasur ist
transparenter als Royal Icing (Eiweißglasur), doch sie
lässt sich schnell und einfach herstellen und ist für
das Backen mit Kindern gut geeignet.

Für die Dekoration von ➡➡ 12 Cupcakes

150 g Puderzucker
ca. 2 EL Wasser oder Zitronensaft

Den Puderzucker sieben und mit dem Wasser oder
dem Zitronensaft verrühren. Dabei jeweils nur 1 TL
Flüssigkeit dazugeben, bis der Guss eine dickflüssige
Konsistenz hat und sich gut auf die Cupcakes aufspritzen lässt. Wenn Sie den Guss einfärben möchten, sollten Sie die Farbe möglichst früh mit einrühren, da sie
den Guss dünnflüssiger macht.

BUTTERCREME

Nachdem Rosie in einer der neuen Konditoreien, die
plötzlich wie Pilze aus dem Boden schossen, Cupcakes
mit Buttercreme gesehen hatte, dekorierten auch wir
einige Kuchen damit. Cupcakes mit einer üppigen Buttercremedekoration, die genauso mächtig ist, wie die
Kuchen selbst, sind insbesondere bei Kindern sehr

beliebt. Sie sind zwar sehr lecker, aber dermaßen nahrhaft, dass wir sie bei der Dekoration vergleichsweise sparsam einsetzen. Die meisten Rezepte mit einer Buttercremedekoration ergeben zwar ein dickes Cremehäubchen, werden jedoch nicht damit überladen. Buttercreme ist auch ohne Kühlen überraschend lange haltbar.

Für die Dekoration von ➡➡ 12 Cupcakes

120 g weiche Butter
230 g Puderzucker
1 TL Vanilleextrakt
1–2 EL Milch

Die Butter cremig rühren. Den Puderzucker sieben und nach und nach unter kräftigem Rühren hinzufügen. Den Vanilleextrakt dazugeben. Vorsichtig mit so viel Milch vermischen, dass die Creme nicht zu weich wird.

Buttercremehäubchen

Die einfachste Dekoration mit Buttercreme ist ein Häubchen. Geben Sie einen Löffel voll Buttercreme auf einen Cupcake. Halten Sie den Kuchen dann mit einer Hand fest und verstreichen Sie die Buttercreme mit einem Messer, indem Sie den Kuchen drehen.

Aufgespritzte Buttercreme

Zum Befüllen des Spritzbeutels – mit Buttercreme oder auch Royal Icing – können Sie ihn mit aufgesteckter Tülle in einen Behälter stellen und den Rand des Spritzbeutels nach unten rollen. Befüllen Sie den Spritzbeutel mit der Buttercreme und rollen Sie ihn ein Stück hoch. Wiederholen Sie den Vorgang, bis die Buttercreme eingefüllt ist. Einwegspritzbeutel z. B. aus Pergamentpapier (siehe S. 13) sind dabei eine echte Arbeitserleichterung – insbesondere wenn man mit verschiedenen Farben arbeiten möchte –, da die Reinigung von Spritzbeuteln ziemlich arbeitsaufwendig ist.

Wir verwenden meistens eine große Sterntülle, um eine Buttercremedekoration auf einen Cupcake zu spritzen. Am besten beginnt man von außen und bewegt sich dann zur Mitte hin. So kann auch der Rand des Kuchens gut abgedeckt werden.

Es gibt noch eine andere große Spritztülle, mit der sich ganz einfach wunderschöne Rosetten auf die Kuchen aufspritzen lassen. Sie sieht der Sterntülle ähnlich, jedoch sind die Spitzen etwas nach außen gebogen. Dabei arbeitet man von innen nach außen und erhält dabei eine Dekoration, die wie eine aus Bändern geformte Rose aussieht.

... schlagen, bis der Eischnee fest ist und Spitzen zieht.

ROYAL ICING (EIWEISSGLASUR)

Wir verwenden zum Dekorieren auch gerne Royal Icing, weil sich damit festere und weniger durchsichtige Dekorationen herstellen lassen als mit Zuckerguss. Wenn man es selbst herstellen möchte, muss man rohes Eiweiß verwenden. Wer nicht gerne rohes Eiweiß einsetzt, kann auf pasteurisiertes Eiweißpulver zurückgreifen, das auch als Fertigprodukt mit Zucker vermischt im Handel angeboten wird. Gerade für kleine Mengen ist es gut geeignet. Die Herstellung von Royal Icing wird in den Rezepten genau beschrieben. Generell sollte bei der Verwendung von einem Royal-Icing-Fertigprodukt etwas mehr Zucker als angegeben hinzugefügt werden. Ansonsten ist es am besten, wenn Sie die Packungsanweisungen befolgen. Auf jeden Fall sollte das Icing mindestens 5 Minuten mit einem elektrischen Handrührgerät geschlagen werden.

Mit dem Grundrezept lässt sich eine Eiweißglasur herstellen, die sehr gut mit einem Spritzbeutel aufgetragen werden kann. Durch Zufügen von Wasser wird das Icing dünnflüssiger. Zur Überprüfung der richtigen Beschaffenheit schneidet man mit einem Messer in den Eischnee und zählt, bis sich der Schnitt wieder geschlossen hat. Unserer Erfahrung nach ist das Icing richtig, wenn man bis 15 zählen kann. Es ist dann ausreichend geschmeidig und fließt dennoch nicht über den ganzen Kuchen.

Royal Icing trocknet sehr schnell. Wenn Sie die Kuchen mit bunten Zuckerstreuseln verzieren möchten, müssen Sie diese gleich nach dem Auftragen der Eiweißglasur aufstreuen.

Für die Dekoration von ➡ 12 Cupcakes

120 g Puderzucker
½ Eiweiß
½ TL Glyzerin
1 TL Zitronensaft (nach Belieben)
ca. 1 TL Wasser

1 Den Puderzucker sieben und beiseitestellen. Das Eiweiß schaumig schlagen und nach und nach den Puderzucker einrühren. Die Mischung weiterschlagen, bis sie fest ist und glänzt. Das Glyzerin und den Zitronensaft (nach Belieben) untermischen und die Mischung mindestens 5 Minuten weiterschlagen, bis sie dick und weiß ist. Beim Anheben des Handrührgerätes sollte das Eiweiß Spitzen ziehen. Wenn Sie das Eiweiß nicht gleich verwenden, sollten Sie es mit einer Frischhaltefolie abdecken. In diesem Zustand lässt es sich gut mit dem Spritzbeutel verarbeiten.

2 Um die Kuchen mit der Glasur zu überziehen, wird ihr 1 TL Wasser hinzugefügt. Testen Sie die Beschaffenheit, indem Sie mit dem Messer hineinschneiden und zählen, bis sich der Schnitt wieder schließt. Sollten Sie länger zählen müssen als bis 15, wird nochmals etwas Wasser zugegeben.

IITALIENISCHE BAISER-GLASUR

Eine glänzende, baiserartige Dekoration lässt sich aus geschlagenem Eiweiß und Zuckersirup herstellen. Diese Glasur hat ein noch intensiveres Weiß als Buttercreme und eignet sich gut zum Färben mit Pastellfarben. Man kann damit sehr üppige Häubchen auf die Kuchen aufbringen. Wer möchte, kann auch pasteurisiertes Eiweißpulver verwenden. Kuchen mit dieser Glasur werden am besten am gleichen Tag verzehrt, da sie sonst zu hart wird.

Für die Dekoration von ▶ 12 Cupcakes

120 g Streuzucker (extrafein)
6 EL Wasser
2 Eiweiß
Lebensmittelfarbe nach Belieben

1 Den Zucker und das Wasser in eine Pfanne geben und vorsichtig erhitzen, bis sich der Zucker vollständig aufgelöst hat. Die Zuckerkristalle mit einem feuchten Teigschaber vom Rand entfernen. Die Mischung ohne umzurühren stärker erhitzen, bis sie eine Temperatur von 119 °C erreicht hat. Dann müsste ein Tropfen der Glasur einen weichen Ball ergeben, sobald man ihn in ein Glas mit kaltem Wasser gibt.

2 Die Eiweiße mit einem elektrischen Handrührgerät schlagen, bis sie Spitzen ziehen. Den Sirup am Rand der Schüssel einfließen lassen und weiterschlagen, bis die Masse steif und glänzend ist. Beim Einfließenlassen in das geschlagene Eiweiß sollte der Sirup nach Möglichkeit nicht an Temperatur verloren haben.
Nach Belieben Lebensmittelfarbe hinzufügen und die Masse in einen Spritzbeutel mit großer Sterntülle füllen. Die Kuchen mit Häubchen verzieren.

WIE MAN SPRITZBEUTEL AUS PERGAMENTPAPIER HERSTELLT

Wenn man sehr feine Verzierungen ausführen möchte, ist ein kleiner Spritzbeutel aus Pergament- oder Backpapier hilfreich.

1 Schneiden Sie ein rechtwinkliges Dreieck mit den kurzen Seiten von 25–30 cm aus Pergament- oder Backpapier aus. Am besten nehmen Sie dafür ein Quadrat mit den Seitenlängen von 38 cm und teilen es diagonal in vier Teile.

2 Winden Sie das Papier um den Handrücken und formen Sie es zu einem Trichter.

3 Schlagen Sie das Papier oben ein, um den Trichter zu stabilisieren. Notfalls können Sie das Papier auch mit einem Stück Klebeband fixieren. Sollte die Öffnung an der Spitze zu klein sein, können Sie diese nach Belieben zurechtschneiden.

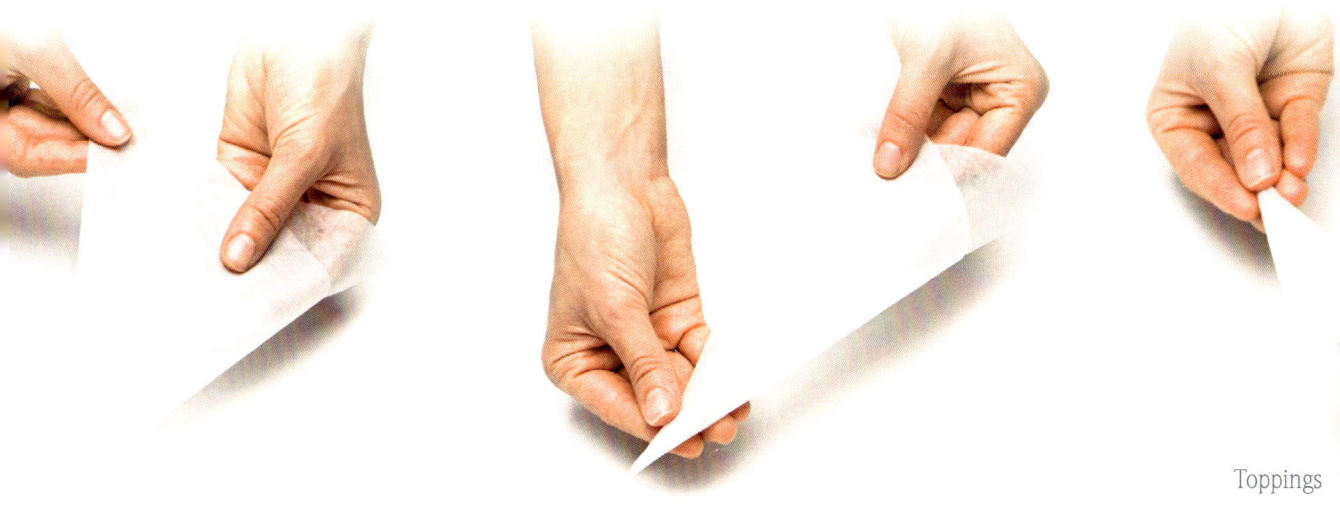

DEKORATION

Beim Verzieren von kleinen Gebäckstücken gibt es keine Regeln. Üppige Verzierungen sind meistens sehr wirkungsvoll. Schauen Sie sich immer wieder mal nach ungewöhnlichem Dekorationsmaterial um und bewahren Sie es in einer Schachtel auf, für den Fall, dass Sie einmal spontan etwas backen möchten. Sollten Sie keine schönen Dekorationen im Hause haben, können Sie Ihr Gebäck auch mit kleinen Süßigkeiten oder selbst hergestellten Dekorationen verzieren.

ESSBARE DEKORATION

Auch gewöhnliche Supermärkte halten in der Zwischenzeit eine große Vielfalt an essbaren Dekorationen bereit. Im Internet ist die Auswahl nahezu unendlich. Ein einfacher Vanille-Cupcake mit einem Buttercremehäubchen oder Zuckerguss mit bunten Zuckerstreuseln, Nonpareilles oder anderen kleinen Kügelchen bestreut, sieht einfach fantastisch aus. Essbare Zuckerherzchen oder -sternchen sind leicht zu finden. Wir haben auch schon kleine Fische, Blätter, Bäume, Kürbisse oder Blumen gesehen. Ebenso findet man fertig geformte Zuckerblumen, -häubchen oder -rosetten im Handel. Es lohnt sich, immer mal wieder einen Blick in das Regal mit den Backzutaten oder dem Dekorationsmaterial für Kuchen oder Eis zu werfen.

Essbarer Glitzer oder Glitzerstaub verleihen Ihrem Gebäck einen besonderen Zauber. Sie sind in kleinen Mengen und vielen verschiedenen Farbtönen erhältlich. Sinnvoll ist es, goldenen und silbernen Glitzer vorrätig zu haben, der mit jeder beliebigen Dekoration kombinierbar ist.

Auch farbige Zuckerstreusel sind sehr effektvoll. Man kann sie ganz einfach selbst herstellen: Geben Sie 50 g Zucker in ein Schraubdeckelglas und träufeln Sie 2 – 3 Tropfen Lebensmittelfarbe (oder mit etwas Wasser vermischtes Lebensmittelfarbgel) hinein. Verschließen Sie das Glas und schütteln Sie es, bis der Zucker gleichmäßig die Farbe aufgenommen hat. Schütten Sie den Zucker auf einen Teller und lassen Sie ihn trocknen.

Auch kandierte Kirschen oder andere Früchte sehen auf einer weißen oder schokoladenfarbenen Glasur sehr hübsch aus. Auch einzelne Gummibärchen, bunte Schokolinsen oder Schokoraspel sind zum Dekorieren gut geeignet, ebenso wie große silberne, goldene oder pastellfarbene Dekodragees.

LEBENSMITTELFARBE

Zum Färben von Glasuren ist Lebensmittelfarbgel besonders gut geeignet, weil es stark konzentriert ist und zum Färben nur eine kleine Menge verwendet werden muss. Dadurch besteht keine Gefahr, dass die Glasur durch das Färben zu flüssig wird. Es ist in gut sortierten Supermärkten, im Konditoreifachhandel oder im Internet erhältlich. Auch flüssige Lebensmittelfarbe kann verwendet werden. Jedoch sollten damit nur Zuckerguss, Buttercreme oder Royal Icing eingefärbt werden. Dabei wird die Lebensmittelfarbe vor der Zugabe von anderen flüssigen Zutaten hinzugefügt, damit die Glasur nicht zu dünnflüssig wird. Zum Färben von Rollfondant ist flüssige Lebensmittelfarbe nicht geeignet. Lebensmittelfarbgel wird am besten nach und nach mit Hilfe eines Holzstäbchens dazugegeben, bis man den gewünschten Farbton erreicht hat. Seine Färbekraft ist sehr intensiv und man benötigt nur sehr kleine Mengen. Professionelle Farbgels sind noch wesentlich intensiver.

… und eine Wunderkerze …

ESSBARE TINTE UND GLASUR ZUM SCHREIBEN

Filzstifte mit essbarer Farbe sind gut geeignet, um auf Rollfondant Formen zum Ausschneiden aufzuzeichnen. Auch fertig angerührte und gefärbte Glasur in kleinen Tuben kann zum dekorativen Beschreiben von Kuchen verwendet werden. Sollten diese Produkte nicht verfügbar sein, kann man selbst eine kleine Menge Zuckerguss herstellen, diesen einfärben und die dickflüssige Glasur mithilfe eines kleinen Spritzbeutels auf die Kuchen auftragen.

WEITERE DEKORATIONEN

Tortenkerzen sind in vielen Ausführungen verfügbar. Besonders dekorativ sind lange Kerzen. Etwas größere Kinder freuen sich sehr über kleine Wunderkerzen, die in das Gebäck hineingesteckt werden. Sie sind mittlerweile in verschiedenen Formen, z. B. als Herzchen oder Sterne, erhältlich.

Verschiedene Motive oder Fähnchen auf Holzspießchen lassen sich schnell selbst herstellen, sind aber auch in großer Vielfalt im Handel verfügbar. Sie können selbst entworfene Fähnchen, etwa unter Verwendung eines Fotos, herstellen oder essbare Oblaten mit Fotos bedrucken lassen.

Individuelle Fähnchen können mithilfe eines Computers und eines Druckers angefertigt werden. Drucken Sie ein ausgewähltes Foto oder Motiv in der Größe von 2,5 cm × 1 cm aus, schneiden Sie die Bildchen aus und kleben Sie diese an Holzspießchen. Bei einer Geburtstagsparty können die Kuchen mit einem Foto des Geburtstagskinds dekoriert werden.

Mit Papierstreifen lassen sich schöne Verpackungen für Cupcakes herstellen. Dafür kann man ein etwas festeres buntes Papier nach Belieben in Streifen schneiden oder ein einfarbiges Papier zuvor bunt bemalen, was Ihrem Kind viel Freude machen wird. Um die Cupcake gewickelt entsteht so eine hübsche und dekorative Verpackung. Für eine Party kann die Verpackung auf jeden Gast abgestimmt sein.

Zuckerglasur sieht fantastisch aus, wenn darauf viele bunte, essbaren Perlen funkeln.

CAKEPOPS DEKORIEREN

Cakepops-Stiele, bei denen es sich eigentlich um Lutscherstiele handelt, gibt es in verschiedenen Längen und Materialien, wie z. B. Kunststoff oder Papier. Die langen Stiele (meistens 15 cm lang) sind besonders reizvoll, jedoch sind kurze Stiele (10 cm) für Kinder leichter zu handhaben. Papierstiele sind zu bevorzugen, weil die Cakepops daran besser haften als an den Kunststoffstielen. Wenn der Kuchenteig nicht die richtige Beschaffenheit hat, rutschen die Cakepops bei Stielen aus Kunststoff schnell einmal durch.

Damit die einzelnen Cakepops gleichmäßig verziert werden können, ist die Benutzung einer Waage zur genauen Bestimmung der Glasurmenge sehr sinnvoll. Das klingt vielleicht etwas übertrieben, jedoch ist das Resultat wesentlich befriedigender, wenn die Cakepops das gleiche Aussehen haben.

Ein sehr nützliches Zubehör ist ein Stück Styropor, auf dem die Cakepops trocknen können. Styropor ist leicht zu beschaffen und findet sich oftmals als Polstermaterial in Verpackungen von elektrischen Geräten. Um es vor herabtropfender Schokolade oder Glasur zu schützen, kann das Styropor mit etwas Klebeband beklebt werden. Bevor Sie mit dem Dekorieren beginnen, sollten Sie prüfen, ob die Cakepops im Styropor auch wirklich halten.

Nachdem sie gebacken oder geformt worden sind, werden die Cakepops mit flüssiger Schokolade, Kuvertüre oder Schmelzdrops (auch „Candy Melts" genannt) überzogen. Candy Melts sind in Tütchen abgepackt im Fachhandel erhältlich. Schokolinsen sind in begrenzter Farbauswahl in einigen Supermärkten

erhältlich. Weiße Schokolade kann nach dem Schmelzen mit Lebensmittelfarbe eingefärbt werden. Um besonders kräftige Farben zu erhalten, sollte man jedoch besser auf einen bereits fertig eingefärbten Überzug zurückgreifen, der außerdem leichter zu handhaben ist und schneller trocknet als Schokolade.

Geben Sie die Schokolade oder die jeweilige Glasur in eine Schüssel. Sie sollte möglichst schmal und tief sein, damit die Cakepops gut eingetaucht werden können. Schmelzen Sie die Glasur im Mikrowellenherd oder über einem Wasserbad.

Zum Überziehen der Cakepops tauchen Sie zunächst den Stiel in die flüssige Kuvertüre, stecken Sie ihn dann in den Cakepop und überprüfen Sie, dass er auch sicher steckt. Lassen Sie das Ganze dann etwas ruhen. Tauchen Sie dann den Cakepop in die Kuvertüre und drehen Sie ihn etwas um sich selbst, sodass er rundherum bedeckt ist. Tauchen Sie ihn nun erneut in die Kuvertüre und stecken Sie ihn zum Trocknen in das Styropor. Sollte die Kuvertüre am Stiel herunterlaufen, können Sie diese nach dem Trocknen problemlos abkratzen. Nun können die Cakepops beliebig verziert werden – mit Zuckerstreuseln, Glitzer oder Zuckerblümchen.

Nun können die Cakepops dekoriert werden …

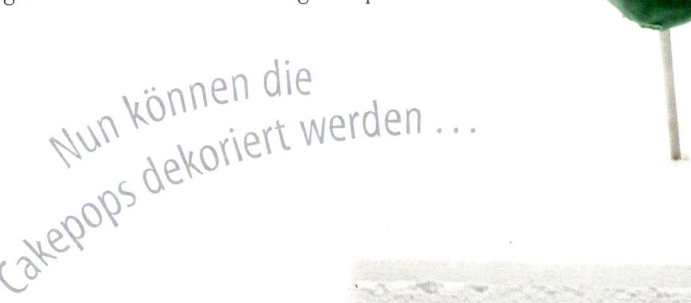

Löwen, Affen und andere Lieblingstiere …

*Schöne
Primeln …*

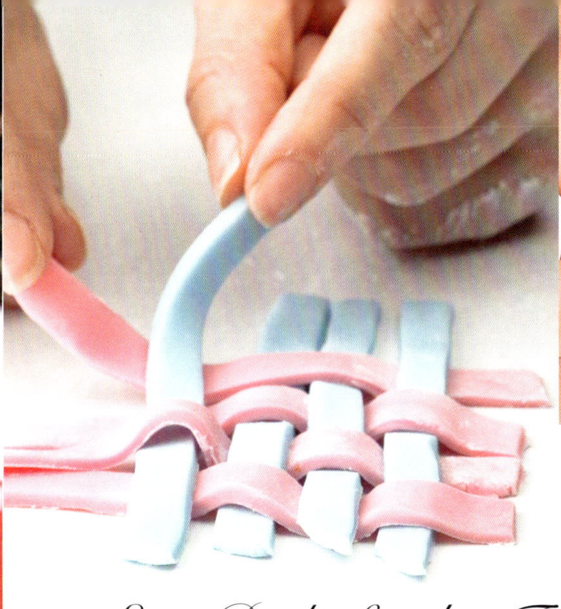

Eine Decke für den Teddy …

Für alle Freunde von wilden Kuschel- und Krabbel- tieren.

TIERE, KRABBELKÄFER
und
Blüten

Whoopie Pies sind wie Mini-Törtchen für eine Person.

Whoopie Pies sind wie Mini-Törtchen für eine Person. Normalerweise sind sie viel größer, doch wir haben Rezepte für kleinere Whoopie Pies zusammengestellt, die für Kinder zum Essen besser geeignet sind. Sie schmecken auch ohne Glasur und Dekoration sehr gut.

Spritzen Sie etwas Buttercreme auf die flachen Seiten …

Tipp

Spritzen Sie die Buttercreme zunächst entlang des Randes und setzen Sie dann einen Klecks in die Mitte. Eventuelle Unregelmäßigkeiten können durch die Glasur überdeckt werden.

FRÜHLINGS-WHOOPIE-PIES

➧ **Für 16 Stück**

FÜR DIE KUCHEN
80 g weiche Butter
130 g Streuzucker (extrafein)
1 Ei
1 TL Vanilleextrakt
200 g Mehl
2 TL Backpulver
120 ml Milch

FÜR DIE FÜLLUNG
120 g weiche Butter
230 g Puderzucker
2 EL Erdbeerkonfitüre
1–2 TL Milch

FÜR DIE DEKORATION
150 g Rollfondant
Lebensmittelfarbgel (gelb, grün, rot, rosa)
150 g Puderzucker
ca. 2 EL Wasser oder Zitronensaft

1 Den Backofen auf 190 °C vorheizen. Zwei Backbleche mit Backpapier auslegen.

2 Für die Kuchen die Butter einige Minuten cremig rühren. Den Zucker hinzufügen und alles zu einer lockeren Mischung verrühren. Das Ei verquirlen und mit dem Vanilleextrakt vermischen. Nach und nach unter kräftigem Rühren zur Butter-Zucker-Mischung geben. Das Mehl mit dem Backpulver vermischen und sieben. Eine Hälfte davon zum Teig geben, dann die Hälfte der Milch einrühren. Das restliche Mehl und die übrige Milch hinzufügen und alles vermischen. Den Teig dabei nicht zu lange rühren.

3 Mit einem Teelöffel 16 Teigkreise auf jedes der beiden Backbleche setzen (für insgesamt 32 Teigkreise). 10–12 Minuten im Backofen backen, bis sie leicht gebräunt und aufgegangen sind und bei leichter Berührung nachgeben. Herausnehmen und etwas abkühlen, dann auf einem Kuchengitter vollständig auskühlen lassen.

4 Für die Füllung die Butter cremig rühren. Den Puderzucker sieben und unter Rühren nach und nach dazugeben. Die Konfitüre durch ein Sieb streichen und einrüh-

ren. Nach Bedarf etwas Milch hinzufügen und alles zu einer geschmeidigen Creme verarbeiten.

5 Die Kuchen nach Form und Größe sortieren. Die Creme mit einem Spritzbeutel mit Sterntülle auf die flachen Seiten von 16 Kuchen spritzen oder mit einem Messer aufstreichen. Die Kuchen zusammensetzen.

6 Für die Dekoration ⅔ des Rollfondants mit gelber Lebensmittelfarbe, den Rest grün einfärben. Den Fondant ausrollen und kleine fünfblättrige Blumen formen, die in der Mitte rot eingefärbt werden. 32 grüne Blätter formen und alles zum Trocknen beiseitestellen.

7 Für die Glasur den Puderzucker sieben und mit teelöffelweise zugesetztem Wasser oder Zitronensaft verrühren und hellrosa einfärben. Achten Sie darauf, dass die Glasur nicht zu flüssig wird.

8 Die Whoopie Pies mit Glasur bestreichen und mit den Blüten und Blättern verzieren.

Nährwertangaben: Energie 302 kcal/1273 kJ; Protein 2 g; Kohlenhydrate 53 g, davon 44 g Zucker; Fett 10 g, davon 6 g gesättigt; Cholesterin 41 mg; Kalzium 61 mg; Ballaststoffe 1 g; Natrium 147 mg

SAFARI-CAKEPOPS

Diese wilden Schokoladen-Cakepops haben wir als Löwen und Affen dekoriert, jedoch können sie auch als andere Tiere gestaltet werden. Die Kuvertüre kann mit Schmelzdrops (Candy Melts, die im Fachhandel erhältlich sind) gefärbt werden. Dadurch erhält man eine Kuvertüre in kräftigen Farben. Alternativ können Sie weiße Schokolade verwenden und mit Lebensmittelfarbgel einfärben.

➠ Für 20 – 24 Stück

FÜR DIE CAKEPOPS

30 g Zartbitterschokolade
70 g weiche Butter
150 g Puderzucker
1 – 2 TL Milch
350 – 400 g Schokoladenkuchen
  (Rezept Seite 8 oder fertig gekauft)

FÜR DIE DEKORATION

180 g weißer Rollfondant
120 g schwarzer Rollfondant
braunes Lebensmittelfarbgel
300 g orangefarbene Schmelzdrops (Candy Melts)
Pflanzenöl nach Belieben
bunte Zuckerstreusel und geraspelte Schokolade
schwarze Glasur in der Tube
24 Cakepop-Stiele

1 Die Schokolade in der Mikrowelle oder im Wasserbad schmelzen. Beiseitestellen und abkühlen lassen. Die Butter cremig rühren. Den Puderzucker sieben und unter Rühren nach und nach hinzufügen. Die Schokolade dazugeben und alles gut verrühren. Bei Bedarf noch etwas Milch einrühren.

2 Den Kuchen am besten im Mixer zerkrümeln und in eine Schüssel geben. Esslöffelweise die Schokobuttercreme untermischen. Die Kuchenkrümel sollten gut, jedoch nicht zu stark benetzt werden. Eventuell etwas Buttercreme zurückbehalten.

3 Die Mischung zu Bällchen formen. Die Hälfte davon etwas oval und mit kleinen Bäckchen zu Löwengesichtern, den Rest zu runden Kugeln formen. Die Bällchen mindestens 30 Minuten kühlen, bis sie etwas fester sind.

4 Für die Dekoration ca. ⅓ des weißen Rollfondants zu Löwenaugen formen und darauf Kugeln aus schwarzem Fondant drücken. Löwen haben eher spitz zulaufende als runde Augen. Ebenfalls die Augen für die Affen aus schwarzem Fondant anfertigen (Ø 5 – 10 mm). Aus dem restlichen schwarzen Fondant die dreieckigen Schnauzen und Ohren der Löwen formen. Den übrigen weißen Fondant hellbraun einfärben, ausrollen und die Gesichter der Affen ausschneiden. Die Augen auf die Gesichter drücken und die Ohren formen.

5 Für die Dekoration der Löwen die orangefarbenen Schmelzdrops in der Mikrowelle oder im Wasserbad schmelzen. Die Stiele in die Kuvertüre tauchen, jeweils tief in die Bällchen stecken und diese gegebenenfalls kühlen, bis die Stiele gut festsitzen. Die Löwen in die Kuvertüre tauchen und vollständig damit überziehen. Notfalls einen Teelöffel zu Hilfe nehmen. Sollte die Kuvertüre zu dickflüssig sein, kann etwas Pflanzenöl eingerührt werden. Überschüssige Kuvertüre abstreifen. Die Details der Gesichter sowie der Ohren an den Köpfen der Löwen befestigen und die Hinterköpfe mit bunten Zuckerstreuseln bestreuen. Die Cakepops mit den Stielen ins Styropor drücken und trocknen, gegebenenfalls kühlen.

6 Für die Affen die übrige Kuvertüre nochmals erwärmen und mit brauner Lebensmittelfarbe einfärben. Die Kugeln für die Affen eintauchen und überschüssige Kuvertüre abstreifen. Die Ohren und die Gesichter befestigen und die Köpfe mit Schokoladenraspel bestreuen. Die Cakepops mit den Stielen ins Styropor drücken und trocknen, gegebenenfalls kühlen. Zum Schluss die Linien für die Nasenlöcher und den Mund mit der Tubenglasur aufzeichnen.

Nährwertangaben: Energie 235 kcal/986 kJ; Protein 2 g; Kohlenhydrate 33 g, davon Zucker 30 g; Fett 11 g, davon gesättigt 7 g; Cholesterin 39 mg; Kalzium 50 mg; Ballaststoffe 0 g; Natrium 92 mg

Es muss wohl an dem roten Körper mit den schwarzen Punkten liegen, dass Marienkäfer – anders als viele andere Insekten – so beliebt sind. Wir haben sie mit braunen Schokodrops dekoriert und mit einer Schokobuttercreme gefüllt, sie können aber ebenso mit bunten Schokolinsen dekoriert werden.

GLÜCKSKÄFER-WHOOPIE-PIES

➡ Für 16 Stück

FÜR DIE KUCHEN
80 g weiche Butter
130 g Rohrzucker
1 Ei
1 TL Vanilleextrakt
180 g Mehl
2 TL Backpulver
30 g Kakao
120 ml Milch

FÜR DIE FÜLLUNG
50 g Zartbitterschokolade
120 g weiche Butter
230 g Puderzucker
1 – 2 TL Milch

FÜR DIE DEKORATION
50 g schwarzer Rollfondant
30 g weißer Rollfondant
180 g Puderzucker
ca. 2 EL Wasser
rotes Lebensmittelfarbgel
32 – 48 Schokodrops
schwarze Glasur in der Tube

1 Den Backofen auf 190 °C vorheizen. Zwei Backbleche mit Backpapier auslegen.

2 Für die Kuchen die Butter einige Minuten cremig rühren. Den Zucker hinzufügen und alles zu einer lockeren Mischung verrühren. Das Ei verquirlen und mit dem Vanilleextrakt vermischen. Nach und nach unter kräftigem Rühren zur Butter-Zucker-Mischung geben. Das Mehl mit dem Backpulver und dem Kakao vermischen und sieben. Eine Hälfte davon zum Teig geben, dann die Hälfte der Milch einrühren. Das restliche Mehl und die übrige Milch hinzufügen und alles vermischen. Den Teig dabei nicht zu lange rühren.

3 Mit einem Teelöffel 16 Teigkreise auf jedes der beiden Backbleche setzen (für insgesamt 32 Teigkreise). 10 – 12 Minuten im Backofen backen, bis sie leicht gebräunt und aufgegangen sind und bei leichter Berührung nachgeben. Herausnehmen und etwas abkühlen, dann auf einem Kuchengitter vollständig auskühlen lassen.

4 Für die Füllung die Schokolade in der Mikrowelle oder im Wasserbad schmelzen. Beiseitestellen und abkühlen lassen. Die Butter cremig rühren. Den Puderzucker sieben und unter Rühren nach und nach zur Butter geben. Die Schokolade dazugeben und alles

gut verrühren. Bei Bedarf noch etwas Milch einrühren, bis die Creme geschmeidig ist.

5 Die Kuchen nach Form und Größe sortieren. Die Creme mit einem Spritzbeutel mit Sterntülle auf die flachen Seiten von 16 Kuchen spritzen oder mit einem Messer aufstreichen. Die Kuchen zusammensetzen.

6 Für die Gesichter den schwarzen Fondant ausrollen und 16 Kreise (Ø 2,5 – 3 cm) ausstechen oder ausschneiden. Den weißen Fondant ausrollen und die Augen ausstechen oder ausschneiden. Zum Trocknen beiseitestellen.

7 Für die Glasur den Puderzucker sieben und teelöffelweise Wasser einrühren, bis eine dickflüssige Glasur entsteht. Mit einem kleinen Spritzbeutel jeweils den Mund auf die Gesichter spritzen. Die übrige Glasur rot einfärben und die Oberseiten der Kuchen damit bestreichen. Wenn die Glasur festzuwerden beginnt, die Gesichter und jeweils 4 Schokodrops darauf festdrücken. Die Schokodrops können nach Belieben auch mit schwarz eingefärbter Glasur befestigt werden. Die Pupillen mit schwarzer Tubenglasur aufzeichnen.

Nährwertangaben: Energie 210 kcal/883 kJ; Protein 2 g; Kohlenhydrate 34 g, davon Zucker 28 g; Fett 8 g, davon gesättigt 5 g; Cholesterin 28 mg; Kalzium 46 mg; Ballaststoffe 0 g; Natrium 106 mg

Tipp

Zum Abmessen des Honigs ist es sinnvoll, den Löffel vorher in warmem Wasser anzuwärmen.

TEDDYBÄREN-PICKNICK-
CUPCAKES

... weben Sie eine Picknickdecke und spritzen Sie Gras auf die Cupcakes.

Bären lieben Honig. Also haben wir für das Teddybär-Picknick Honig-Cupcakes gebacken. Ein kräftiger Honig gibt einen besonders guten Geschmack. Die Picknickdecken für die Bären werden aus Rollfondant gewoben und dann kreisförmig ausgeschnitten. Nach Belieben kann die Glasur durch die Verwendung von Zitronensaft anstatt Milch jedoch auch Zitronengeschmack erhalten.

➡➡ **Für 12 Stück**

FÜR DIE KUCHEN

120 g weiche Butter
50 g Streuzucker
  (extrafein)
70 g Honig
2 Eier
120 g Mehl
1 TL Backpulver
1 – 2 EL Milch

FÜR DIE DEKORATION

400 g Rollfondant
Lebensmittelfarbgel (blau,
  rosa, braun, hellgrün)
120 g weiche Butter
230 g Puderzucker
½ TL Honig

1 Den Backofen auf 180 °C vorheizen. Ein Muffinblech mit Cupcake-Förmchen auslegen.

2 Für die Kuchen die Butter einige Minuten cremig rühren. Den Zucker und den Honig hinzufügen und alles zu einer lockeren Mischung verrühren.

3 Die Eier verquirlen und nach und nach unter kräftigem Rühren zur Buttermischung geben. 1 TL Mehl hinzugeben, damit die Masse nicht gerinnt.

4 Das Mehl mit dem Backpulver mischen, sieben und einrühren. Danach die Milch zugeben und alles zu einem zähflüssigen Teig verrühren, der schwer vom Löffel reißt.

5 Den Teig in die Förmchen füllen. Im Backofen 20 – 25 Minuten backen, bis die Kuchen leicht gebräunt und aufgegangen sind und bei leichter Berührung nachgeben. Herausnehmen und etwas abkühlen, dann auf einem Kuchengitter vollständig auskühlen lassen.

6 Für die Dekoration ¼ des Rollfondants hellblau, ¼ rosa und den Rest braun einfärben. Den Fondant in Rosa und Hellblau zu schmalen Streifen ausrollen und daraus eine Matte weben. (Falls es Ihnen leichter fällt, können Sie auch mehrere kleine Matten weben.) Die Matten mit einer Teigrolle festwalzen, damit die einzelnen Streifen besser zusammenhalten. 12 Kreise mit 4 cm Ø ausstechen oder ausschneiden. Aus dem braunen Fondant 12 kleine Teddybären formen. Die Augen, Ohren und Klauen modellieren und alles zum Trocknen beiseitestellen.

7 Für die Creme die Butter cremig rühren. Den Puderzucker sieben und unter Rühren dazugeben. Den Honig und die grüne Lebensmittelfarbe einrühren. Die Creme in einen Spritzbeutel mit Sterntülle füllen und die Cupcakes damit dekorieren. Jeweils eine Matte und einen Teddy daraufsetzen.

Nährwertangaben: Energie 411 kcal/1729 kJ; Protein 3 g; Kohlenhydrate 66 g, davon Zucker 58 g; Fett 17 g, davon gesättigt 10 g; Cholesterin 81 mg; Kalzium 49 mg; Ballaststoffe 0 g; Natrium 179 mg

Keine Feier ohne Cupcakes!

LECKEREIEN
für *Feste*

Man nehme vier kohlrabenschwarze Kugeln …

Für die Dekoration dieser Vanille-Cupcakes haben wir die Farben Rot, Weiß und Blau ausgewählt. Natürlich können Sie auch andere Farben zusammenstellen. Die Fahnen wurden aus buntem Papier ausgeschnitten und an Holzspießchen geklebt.

Tipp

Wenn es schnell gehen soll, können Sie statt Royal Icing auch normalen Zuckerguss nehmen.

GEBURTSTAGS-CUPCAKES

➤➤ **Für 12 Stück**

FÜR DIE KUCHEN

120 g weiche Butter
120 g Streuzucker (extrafein)
2 Eier
1 TL Vanilleextrakt
120 g Mehl
1 TL Backpulver
1–2 EL Milch

FÜR DIE DEKORATION

120 g Puderzucker
½ Eiweiß
½ TL Glyzerin
½ TL Zitronensaft
ca. 1½ TL Wasser
Zuckerstreusel und Bonbonstückchen
 in Rot, Weiß und Blau
12 Fähnchen in Rot, Weiß und Blau

1 Den Backofen auf 180 °C vorheizen. Ein Muffinblech mit Cupcake-Förmchen auslegen.

2 Für die Kuchen die Butter einige Minuten cremig rühren. Den Zucker hinzufügen und alles zu einer lockeren Mischung verrühren.

3 Die Eier verquirlen und mit dem Vanilleextrakt vermischen. Nach und nach unter kräftigem Rühren zur Butter-Zucker-Mischung geben. 1 TL Mehl hinzugeben, damit die Masse nicht gerinnt.

4 Das Mehl mit dem Backpulver mischen, sieben und einrühren. Danach die Milch zugeben und alles zu einem zähflüssigen Teig verrühren, der schwer vom Löffel reißt.

5 Den Teig in die Förmchen füllen. Im Backofen 20– 25 Minuten backen, bis die Kuchen leicht gebräunt und aufgegangen sind und bei leichter Berührung nachgeben. Herausnehmen und etwas abkühlen, dann auf einem Kuchengitter vollständig auskühlen lassen.

6 Für die Dekoration den Puderzucker sieben und beiseitestellen. Das Eiweiß mit dem elektrischen Handrührgerät schaumig schlagen und den Zucker einrieseln lassen. Nochmals schlagen, bis das Eiweiß fest ist und glänzt.

Das Glyzerin und den Zitronensaft hinzufügen und die Eiweißmasse weitere 5 Minuten schlagen, bis sie ganz fest ist und Spitzen zieht.

7 1 TL Wasser einrühren und die Beschaffenheit der Eiweißglasur durch Einschneiden mit einem Messer überprüfen. Falls nötig, noch etwas Wasser hinzufügen, bis sich der Messerschnitt wieder schließt, nachdem man auf 15 gezählt hat.

8 Die Cupcakes mit der Eiweißglasur bestreichen, mit den bunten Streuseln und Bonbonbruchstücken bestreuen und mit einem Fähnchen verzieren.

Nahrwertangaben:
Energie 193 kcal / 813 kJ;
Protein 2 g; Kohlenhydrate 27 g, davon Zucker 20 g; Fett 9 g, davon gesättigt 5 g; Cholesterin 60 mg; Kalzium 42 mg; Ballaststoffe 0 g; Natrium 11 mg

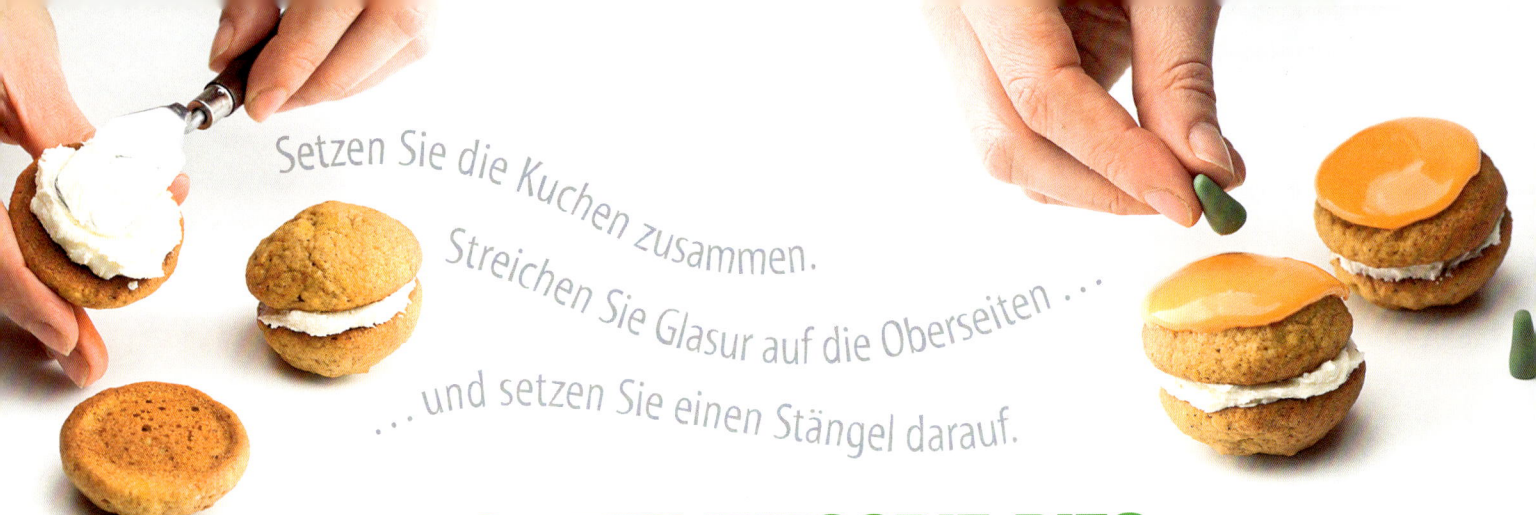

Setzen Sie die Kuchen zusammen.

Streichen Sie Glasur auf die Oberseiten ...

... und setzen Sie einen Stängel darauf.

HALLOWEEN-WHOOPIE-PIES

Mit Frischkäsefüllung und orangefarbenem Guss sind diese Whoopies eine besondere Attraktion auf jeder Halloweenparty. Falls Sie fertiges Kürbispüree verwenden, sollte es ohne Zucker hergestellt sein.

➤➤ Für 16 Stück

FÜR DIE KUCHEN
80 g weiche Butter
130 g Rohrzucker
1 Ei
1 TL Vanilleextrakt
130 g Kürbispüree
200 g Mehl
2 TL Backpulver
1 TL Zimt
½ TL Muskat
4 EL Milch

FÜR DIE FÜLLUNG
40 g weiche Butter
120 g gekühlter Frischkäse
250 g Puderzucker

FÜR DIE DEKORATION
40 g Rollfondant
Lebensmittelfarbgel
  (grün, orange)
150 g Puderzucker
ca. 2 EL Wasser oder
  Zitronensaft

1 Den Backofen auf 190 °C vorheizen. Zwei Backbleche mit Backpapier auslegen.

2 Für die Kuchen die Butter einige Minuten cremig rühren. Den Zucker hinzufügen und alles zu einer lockeren Mischung verrühren. Das Ei verquirlen und mit dem Vanilleextrakt vermischen. Nach und nach unter kräftigem Rühren zur Butter-Zucker-Mischung geben. Das Kürbispüree einrühren. Das Mehl mit dem Backpulver, dem Zimt und der Muskatnuss vermischen, alles sieben und einrühren. Danach die Milch zugeben, um die Mischung etwas lockerer zu machen.

3 Mit einem Teelöffel 16 Teigkreise auf jedes der beiden Backbleche setzen (für insgesamt 32 Teigkreise). Die Oberflächen mit einem angefeuchteten Finger glätten. 12 – 14 Minuten im Backofen backen, bis sie leicht gebräunt und aufgegangen sind und bei leichter Berührung nachgeben. Herausnehmen und etwas abkühlen, dann auf einem Kuchengitter vollständig auskühlen lassen.

4 Für die Füllung die Butter einige Minuten cremig rühren. Den Frischkäse unterrühren und nochmals alles kurz vermischen. Den Puderzucker sieben und in zwei Portionen einrühren.

5 Die Kuchen nach Form und Größe sortieren. Die Creme auf die flachen Seiten von 16 Kuchen aufstreichen. Die Kuchen zusammensetzen.

6 Den Fondant grün einfärben und daraus 16 kleine Stängel formen. Zum Trocknen beiseitestellen.

7 Den Puderzucker sieben und teelöffelweise Wasser oder den Zitronensaft einrühren, bis eine dickflüssige Glasur entstanden ist. Die Glasur orange einfärben und damit die Oberflächen bestreichen. Jeden Kuchen mit einem Stängel verzieren.

Nährwertangaben: Energie 277 kcal/1166 kJ; Protein 3 g; Kohlenhydrate 47 g, davon Zucker 37 g; Fett 10 g, davon gesättigt 6 g; Cholesterin 53 mg; Kalzium 70 mg; Ballaststoffe 1 g; Natrium 144 mg

SCHNEEMANN-POPS

Man nehme zwei kohlrabenschwarze Kugeln, eine Karottennase und ein paar Knöpfe …

Diese entzückenden Cakepops werden aus Kuchen und Buttercreme geformt. Die Schneemänner tragen Hüte mit tiefen Krempen. Sie können ihnen aber auch andere Hüte aufsetzen oder fantasievolle Schals umbinden.

➤➤ Für 15 Stück

FÜR DIE CAKEPOPS

70 g weiche Butter
150 g Puderzucker
1–2 TL Milch
350–400 g Vanillekuchen
  (Rezept Seite 8 oder fertig gekauft)

FÜR DIE DEKORATION

100 g schwarzer Rollfondant
100 g weißer Rollfondant
300 g weiße Schmelzdrops (Candy Melts)
  oder weiße Schokolade
Lebensmittelfarbgel (orange, rot, blau)
etwas Pflanzenöl
1 TL Puderzucker zum Bestäuben
15 Cakepops-Stiele

1 Die Butter cremig rühren. Den Puderzucker sieben und unter Rühren nach und nach hinzufügen. Sollte die Creme zu fest sein, noch etwas Milch einrühren.

2 Den Kuchen am besten im Mixer zerkrümeln und in eine Schüssel geben. Esslöffelweise die Buttercreme untermischen. Die Kuchenkrümel sollten gut, jedoch nicht zu stark benetzt werden. Eventuell etwas Buttercreme zurückbehalten.

3 Für die Körper die Mischung zu größeren Bällchen, für die Köpfe zu kleineren Bällchen formen. Die Bällchen ca. 30 Minuten kühlen, bis sie schön fest sind.

4 Für die Dekoration aus ¼ des schwarzen Fondants 75 kleine Kügelchen formen mit 3 mm Ø für die Augen und die Knöpfe formen. ¼ des weißen Fondants orange einfärben und daraus die Karottennasen mit 1 cm Länge formen. Alles zum Trocknen beiseitestellen.

5 Die weißen Schmelzdrops in der Mikrowelle oder im Wasserbad schmelzen. Den Kopf auf der Unterseite eintauchen und am Körper befestigen. Dann den Stiel eintauchen und von oben durch den Kopf in den Körper

stecken. Auf diese Weise alle Körper der Schneemänner zusammenbauen und kühlen, bis sie fest sind.

6 Einen Teller mit Pflanzenöl einfetten. Die weiße Kuvertüre nochmals erhitzen. Nun die ganzen Schneemänner eintauchen und mit Kuvertüre überziehen. Überschüssige Kuvertüre abstreifen und die Schneemänner auf den eingefetteten Teller stellen. Jeweils 2 Augen, 3 Knöpfe und die Karottennase befestigen. Kühlen, bis alles fest ist.

7 Aus dem übrigen schwarzen Fondant kleine Hüte formen und auf die Köpfe der Schneemänner setzen. Den übrigen Fondant rot und blau einfärben. Daraus 13 cm lange Schals formen und diese um die Schneemänner winden. Die Figuren mit Puderzucker bestäuben.

Nährwertangaben: Energie 326 kcal/1369 kJ; Protein 3 g; Kohlenhydrate 44 g, davon Zucker 40 g; Fett 16 g, davon gesättigt 10 g; Cholesterin 54 mg; Kalzium 86 mg; Ballaststoffe 0 g; Natrium 131 mg

▶▶ Für 12 Stück

FÜR DIE KUCHEN

120 g Mehl
1 TL Backpulver
½ TL Zimt
120 g weiche Butter
120 g Streuzucker (extrafein)
2 Eier
1 EL unbehandelter Orangenabrieb
1–2 EL Orangensaft

FÜR DIE DEKORATION

120 g Puderzucker
½ Eiweiß
½ TL Glyzerin
ca. 1 TL Zitronensaft (nach Belieben)
1–1 ½ TL Wasser
200 g weißer Rollfondant
Lebensmittelfarbgel (rot, hellgrün)
essbare Silberperlen und Sterne
essbarer Glitzer

WEIHNACHTS-CUPCAKES

Orange und Zimt machen den weihnachtlichen Geschmack dieser glitzernden roten, weißen und grünen Cupcakes aus. Am besten werden sie mithilfe von kleinen Ausstechförmchen verziert. Einfache Formen haben die beste Wirkung.

1 Den Backofen auf 180 °C vorheizen. Ein Muffinblech mit Cupcake-Förmchen auslegen. Das Mehl mit dem Backpulver und dem Zimt vermischen, sieben und beiseitestellen.

2 Für die Kuchen die Butter einige Minuten cremig rühren. Den Zucker hinzufügen und alles zu einer lockeren Mischung verrühren. Die Eier verquirlen und nach und nach unter kräftigem Rühren zur Butter-Zucker-Mischung geben. Zuletzt jeweils noch 1 TL Mehl hinzugeben, damit die Masse nicht gerinnt. Die Mehlmischung zusammen mit dem Orangenabrieb und dem -saft nach und nach hinzufügen. Alles zu einem zähflüssigen Teig verarbeiten, der schwer vom Löffel reißt.

3 Den Teig in die Förmchen füllen. Im Backofen 20–25 Minuten backen, bis die Kuchen leicht gebräunt und aufgegangen sind und bei leichter Berührung nachgeben. Herausnehmen und einige Minuten abkühlen, dann vom Blech nehmen und auf einem Kuchengitter vollständig auskühlen lassen.

4 Für die Dekoration den Puderzucker sieben und beiseitestellen. Das Eiweiß mit dem elektrischen Handrührer schaumig schlagen. Unter Rühren nach und nach den Puderzucker einrieseln lassen. Den Eischnee weiterschlagen, bis er fest ist und glänzt. Das Glyzerin und den Zitronensaft hinzufügen und mindestens weitere 5 Minuten schlagen, bis der Eischnee tief weiß ist und Spitzen zieht.

5 1 TL Wasser einrühren und die Beschaffenheit der Eiweißglasur durch Einschneiden mit einem Messer überprüfen. Falls nötig, noch etwas Wasser hinzufügen, bis sich der Messerschnitt wieder schließt, nachdem man bis 15 gezählt hat. Die Cupcakes mit Eiweißglasur bestreichen.

6 Die Hälfte des Fondants rot, die andere Hälfte grün einfärben. 4 grüne Weihnachtsbäume und 4 Schneeflocken ausstechen und auf die Cupcakes damit verzieren. Mit den Silberperlen und Sternen belegen. Für die Kränze 20 grüne und 20 rote Rosetten à 2 cm Ø ausstechen und jeweils 9 grüne und 1 rote auf den letzten beiden Kuchen anordnen. Mit Glitzer bestreuen.

Nährwertangaben: Energie 251 kcal/1058 kJ; Protein 2 g; Kohlenhydrate 43 g, davon Zucker 35 g; Fett 9 g, davon gesättigt 5 g; Cholesterin 60 mg; Kalzium 44 mg; Ballaststoffe 0 g; Natrium 113 mg

SILVESTER-CUPCAKES

Tipp

Statt mit Äpfeln können Sie
diese Cupcakes auch mit ein-
geweichten Trockenfrüchten,
wie Feigen, Datteln, Pflau-
men oder Aprikosen,
zubereiten.

Die Apfelstücke im Teig sind das **Besondere** an diesen Cupcakes mit Karamell-Glasur. Sie sind für Partys mit Feuerwerk, wie z. B. an Silvester, genau das Richtige. Die Kinder werden an den kleinen Wunderkerzen sicherlich viel Spaß haben.

➡ Für 12 Stück

FÜR DIE KUCHEN

120 g weiche Butter
150 g Streuzucker (extrafein)
½ TL Vanilleextrakt
2 Eier
~~440~~180 g Mehl 150 g
1½ TL Backpulver
1 Prise Salz
2–3 EL Milch
1 Apfel
~~10~~

FÜR DIE DEKORATION

50 g Butter
1 Prise Salz
90 g Rohrzucker
2 EL Milch
½ TL Vanilleextrakt
90 g Puderzucker
goldene Zuckersterne
essbarer goldener Glitzer
12 Mini-Wunderkerzen

Dekoriert mit goldenen Sternen und kleinen Wunderkerzen …

1 Den Backofen auf 180 °C vorheizen. Ein Muffinblech mit Cupcake-Förmchen auslegen.

2 Für die Kuchen die Butter einige Minuten cremig rühren. Den Zucker hinzufügen und alles zu einer lockeren Mischung verrühren.

3 Die Eier verquirlen und mit dem Vanilleextrakt vermischen, nach und nach unter kräftigem Rühren zur Butter-Zucker-Mischung geben. Zuletzt 1 TL Mehl hinzufügen, damit die Masse nicht gerinnt.

4 Das Mehl mit dem Backpulver und dem Salz vermischen und sieben, zusammen mit der Milch nach und nach hinzufügen. Alles zu einem zähflüssigen Teig verarbeiten, der schwer vom Löffel reißt.

5 Den Apfel schälen, vom Kerngehäuse befreien und in kleine Stücke schneiden. Die Apfelstücke unter den Teig heben.

6 Den Teig in die Förmchen füllen. 20–25 Minuten backen, bis sie leicht gebräunt und aufgegangen sind und bei leichter Berührung nachgeben. Herausnehmen und einige Minuten abkühlen, dann auf einem Kuchengitter vollständig auskühlen lassen.

7 Für die Karamell-Dekoration die Butter in einer kleinen Pfanne schmelzen, das Salz sowie den Rohrzucker dazugeben. Den Rohrzucker darin auflösen. Die Milch und den Vanilleextrakt hinzufügen und alles aufkochen lassen. Die Mischung unter Rühren 3 Minuten kochen lassen, dann vom Herd nehmen und den Puderzucker einrühren. Das Ganze zu einer geschmeidigen Creme schlagen.

8 Die Karamellcreme etwas abkühlen lassen. Wenn sie beginnt, anzudicken, die Cupcakes damit bestreichen. Das Karamell gegebenenfalls durch erneutes Erhitzen verflüssigen.

9 Mit den Sternen, dem Glitzer und den Mini-Wunderkerzen verzieren.

Nährwertangaben: Energie 272 kcal/1144 kJ; Protein 3 g; Kohlenhydrate 40 g, davon Zucker 30 g; Fett 13 g, davon gesättigt 8 g; Cholesterin 70 mg; Kalzium 65 mg; Ballaststoffe 1 g; Natrium 124 mg

Ihre Kinder werden von den brennenden Mini-Wunderkerzen begeistert sein ...

Jeder hat seine eigenen Super-helden.

Für Edelfräulein, Schatzjäger und kleine Prinzessinnen ...

Zeit für Geschichten

Die Herzkönigin wird diese Kuchen lieben.

DORNRÖSCHEN-TÜRME

Diese märchenhaften Türmchen wurden mithilfe von Puddingförmchen hergestellt. Man kann sie jedoch auch in den etwas höheren Dariolformen backen. Der Teig wird mit Rosenwasser oder alternativ mit Vanilleextrakt aromatisiert.

➡ **Für 12 Stück**

FÜR DIE KUCHEN

120 g weiche Butter
120 g Streuzucker (extrafein)
2 Eier
1 TL Rosenwasser
120 g Mehl
1 TL Backpulver
1–2 EL Milch

FÜR DIE DEKORATION

180 g weißer Rollfondant
Lebensmittelfarbgel (rosa, grün, rot)
180 g Puderzucker
¾ Eiweiß
1 TL Glyzerin
1 TL Zitronensaft (nach Belieben)
1–2 TL Wasser
12 Papierfähnchen

Tipp

Verwenden Sie am besten eine Palette, um die Kuchen von der Platte auf die Kuchenteller zu heben. Die Backformen sollten ein Volumen von 75 ml haben. Sollten sie etwas größer sein, erhalten Sie eine geringere Anzahl an Kuchen.

1 Den Backofen auf 180 °C vorheizen. Die Backformen einfetten und mit Mehl ausstreuen, damit sich die Kuchen besser aus der Form lösen lassen. Die Backformen auf ein Backblech oder auf ein Muffinblech stellen.

2 Für die Kuchen die Butter einige Minuten cremig rühren. Den Zucker hinzufügen und alles zu einer lockeren Mischung verrühren. Die Eier verquirlen und mit dem Rosenwasser vermischen. Nach und nach unter kräftigem Rühren zur Butter-Zucker-Mischung geben. Zuletzt jeweils noch 1 TL Mehl hinzugeben, damit die Masse nicht gerinnt. Das Mehl mit dem Backpulver vermischen und sieben, zusammen mit der Milch nach und nach hinzufügen. Alles zu einem zähflüssigen Teig verarbeiten, der schwer vom Löffel reißt.

3 Den Teig in die Backformen füllen. Im Backofen 20–25 Minuten backen, bis die Kuchen leicht gebräunt und aufgegangen sind und bei leichter Berührung nachgeben. Herausnehmen und einige Minuten abkühlen, dann aus der Form lösen und auf einem Kuchengitter vollständig auskühlen lassen.

4 Für die Dekoration den Fondant rosa einfärben und 3–5 mm dick ausrollen. Jeweils Kreise mit 10 cm Ø ausstechen oder ausschneiden. Die Kreise dritteln, zu Kegeln formen und an den langen Seiten zusammendrücken. Die unteren Seiten der Kegel begradigen, sodass sie gerade auf die Kuchen gestellt werden können. Auf diese Weise alle Kreissegmente vorbereiten und so 9 weitere Kegel herstellen. Zum Trocknen beiseitestellen.

5 Für die Eiweißglasur den Puderzucker sieben und beiseitestellen. Das Eiweiß mit dem elektrischen Handrührer schaumig schlagen. Unter Rühren nach und nach den Puderzucker einrieseln lassen. Den Eischnee weiterschlagen, bis er fest ist und glänzt. Das Glyzerin und den Zitronensaft hinzufügen und mindestens weitere 5 Minuten schlagen, bis der Eischnee tief weiß ist und Spitzen zieht.

6 Ca. 3 EL der Eiweißglasur separat in eine Schüssel füllen und gut abdecken. In die restliche Eiweißglasur 1 TL Wasser einrühren und ihre Beschaffenheit durch Einschneiden mit einem Messer überprüfen. Falls nötig, noch etwas Wasser hinzufügen, bis sich der Messerschnitt wieder schließt, nachdem man bis 15 gezählt hat. Die Eiweißglasur hellrosa einfärben.

7 Die Kuchen unten gerade schneiden, damit sie auf der Unterlage sicher stehen. Die Kuchen von losen Krümeln befreien und auf eine Unterlage stellen, die die überschüssige Glasur auffängt. Jeden Kuchen mit der rosa Eiweißglasur überziehen. Auf jeden Kuchen einen Kegel setzen und 30 Minuten beiseitestellen.

8 Die übrige Eiweißglasur zur Hälfte grün, zur anderen Hälfte rot einfärben. Die Kuchen mithilfe eines Spritzbeutels mit grünen Ranken verzieren und mit einer Sterntülle rote Blüten aufspritzen. In jedes Türmchen eine Papierfahne stecken.

Nährwertangaben: Energie 264 kcal/1115 kJ; Protein 3 g; Kohlenhydrate 46 g, davon Zucker 39 g; Fett 9 g, davon gesättigt 5 g; Cholesterin 60 mg; Kalzium 46 mg; Ballaststoffe 0 g; Natrium 118 mg

Tipp

Um die Dekoration der Cakepops trocknen zu lassen, werden sie mit den Stielen in ein Stück Styropor gesteckt.

Zuerst in die grüne Glasur tauchen und dann dekorieren.

Diese Monster sehen aus wie Aliens. Sie bieten sich an, um bizarre Kombinationen an Farben und Formen, wie z. B. hervortretende Augen, Hörnchen oder spitze Zähne, auszuprobieren. Fertig gefärbte Schmelzdrops (Candy Melts), die im Fachhandel erhältlich sind, ergeben besonders kräftig gefärbte Kuvertüren. Man kann sie jedoch auch mit Schokolade oder Lebensmittelfarbe färben.

➡ Für 20 Stück

FÜR DIE CAKEPOPS

30 g Zartbitterschokolade
70 g weiche Butter
150 g Puderzucker
1–2 TL Milch
380–400 g Schokoladenkuchen
  (Rezept Seite 8 oder fertig gekauft)

FÜR DIE DEKORATION

200 g weißer Rollfondant
50 g schwarzer Rollfondant
blaues Lebensmittelfarbgel
300 g grüne Schmelzdrops
50 g gelbe Schmelzdrops
2–3 TL Pflanzenöl (nach Bedarf)
20 Cakepops-Stiele

1 Die Schokolade in der Mikrowelle oder im Wasserbad schmelzen. Beiseitestellen und abkühlen lassen.

2 Die Butter cremig rühren. Den Puderzucker sieben und unter Rühren nach und nach hinzufügen, ebenso die geschmolzene Schokolade einrühren. Sollte die Creme zu fest sein, noch etwas Milch einrühren.

3 Den Kuchen am besten im Mixer zerkrümeln und in eine Schüssel geben. Esslöffelweise die Buttercreme untermischen. Die Kuchenkrümel sollten gut, jedoch nicht zu stark benetzt werden. Eventuell etwas Buttercreme zurückbehalten. Die Mischung zu kleinen Bällchen formen und kühlen, bis sie fest sind.

4 Die Hälfte des weißen Fondants zu 40 kleinen Kugeln mit 1 cm Ø für die Augen formen. Aus dem schwarzen Fondant noch kleinere Kügelchen formen und diese auf den weißen festdrücken. Die Hälfte des restlichen weißen Fondants blau färben und daraus die Hörnchen formen, aus dem Rest die Zähne herstellen.

5 Die grünen Schmelzdrops in der Mikrowelle oder im Wasserbad schmelzen. Einen Stiel in die Kuvertüre tauchen und dann in die Kugel stecken. Auf diese Weise alle Stiele an den Kugeln befestigen und gegebenenfalls etwas kühlen, damit die Stiele fest sitzen. Die gelben Schmelzdrops schmelzen.

6 Die ganzen Cakepops in die grüne Kuvertüre tauchen. Sollte die Kuvertüre zu dickflüssig sein, kann sie mit etwas Pflanzenöl verdünnt werden. Eventuelle Kuvertürereste abstreifen und die Oberfläche mit einem Teelöffel glätten. Die Augen, Hörnchen und Zähne befestigen und die Gesichter mit gelben Sprenkeln versehen. Die Cakepops mit den Stielen in das Styropor drücken und trocknen lassen. Auf diese Weise alle Cakepops fertigstellen.

Nährwertangaben: Energie 217 kcal/913 kJ; Protein 2 g; Kohlenhydrate 31 g, davon Zucker 25 g; Fett 10 g, davon gesättigt 6 g; Cholesterin 38 mg; Kalzium 39 mg; Ballaststoffe 0 g; Natrium 90 mg

Leuchtende Farben, Glupschaugen und furchterregende Hörner und Zähne.

HERZKÖNIGINNEN-
TÖRTCHEN

Die Herzkönigin aus „Alice im Wunderland" wäre begeistert, dieses
Biskuitgebäck auf ihrer Krocket-Party servieren zu können. Die Textilstruktur auf dem
roten Fondant kann mit speziellen Rollwerkzeugen erzielt werden, jedoch finden sich
im Haushalt genügend Gegenstände, mit denen sich reizvolle Muster aufprägen lassen.

▶▶ Für 8 Stück

FÜR DIE KUCHEN

120 g weiche Butter
120 g Streuzucker (extrafein)
2 Eier
120 g Mehl
1 TL Backpulver
1 TL unbehandelter Zitronenabrieb
1–2 EL Zitronensaft

FÜR DIE DEKORATION

50 g roter Rollfondant
90 g Himbeerkonfitüre
150 g Puderzucker
1–2 EL Zitronensaft
essbarer Glitzer
  (nach Belieben)

Tipp

Auch Silikonformen sollten
vor dem Befüllen mit Teig
etwas eingefettet und
mit Mehl ausgestreut
werden.

1 Den Backofen auf 180 °C vorheizen. Eine achtmuldige Herzchen-Silikonbackform einfetten und mit Mehl ausstreuen. Die Form auf ein Backblech stellen.

2 Für die Kuchen die Butter einige Minuten cremig rühren. Den Zucker hinzufügen und alles zu einer lockeren Mischung verrühren. Die Eier verquirlen und nach und nach unter kräftigem Rühren zur Butter-Zucker-Mischung geben. Zuletzt jeweils noch 1 TL Mehl hinzugeben, damit die Masse nicht gerinnt. Das Mehl mit dem Backpulver vermischen und sieben, zusammen mit der Zitronenschale und dem Saft nach und nach hinzufügen. Alles zu einem zähflüssigen Teig verarbeiten, der schwer vom Löffel reißt.

3 Den Teig in die Backformen füllen. Im Backofen 20–25 Minuten backen, bis die Kuchen leicht gebräunt und aufgegangen sind und bei leichter Berührung nachgeben. Herausnehmen und einige Minuten abkühlen, dann aus der Form lösen und auf einem Kuchengitter vollständig auskühlen lassen.

4 Für die Dekoration den roten Fondant mit einer Teigrolle ausrollen und mit einer Oberflächenstruktur versehen. 8 Herzen mit einer Länge von 2,5 cm ausstechen oder ausschneiden. Zum Trocknen beiseitestellen.

5 Die ausgekühlten Kuchen in der Mitte aufschneiden und mit Konfitüre bestreichen. Den Puderzucker teelöffelweise mit Zitronensaft verrühren und daraus eine dickflüssige Glasur herstellen. Eventuelle Krümel entfernen und die Kuchen mit der Glasur bestreichen. Jeweils ein Fondantherz darauflegen und die Kuchen nach Belieben mit essbarem Glitzer bestreuen.

Nährwertangaben: Energie 358 kcal/1507 kJ; Protein 3 g; Kohlenhydrate 59 g, davon Zucker 48 g; Fett 14 g, davon gesättigt 8 g; Cholesterin 90 mg; Kalzium 65 mg; Ballaststoffe 1 g; Natrium 168 mg

PIRATENSCHATZ-WHOOPIE-PIES

Dekorieren mit Streuseln ...

und Perlen in Gold und Silber.

Hier wird ein Piratenschatz in Schokoladenmuscheln auf Buttercreme mit weißer Schokolade gebettet. Gut geeignet sind dafür goldene, silberne und kupferfarbene Streusel sowie essbare Perlen und Kügelchen.

➡ Für 16 Stück

FÜR DIE KUCHEN
80 g weiche Butter
130 g Rohrzucker
1 Ei
1 TL Vanilleextrakt
180 g Mehl
2 TL Backpulver
30 g Kakao
120 ml Milch

FÜR DIE DEKORATION
50 g weiße Schokolade
110 g weiche Butter
230 g Puderzucker
1–2 TL Milch
Streusel, Perlen und Kügelchen
   in Gold, Silber, Kupfer, Gelb
   oder Orange

1 Den Backofen auf 190 °C vorheizen. Zwei Backbleche mit Backpapier auslegen.

2 Für die Kuchen die Butter einige Minuten cremig rühren. Den Zucker hinzufügen und alles zu einer lockeren Mischung verrühren.

3 Das Ei verquirlen und mit dem Vanilleextrakt vermischen. Nach und nach unter kräftigem Rühren zur Butter-Zucker-Mischung geben.

4 Das Mehl mit dem Backpulver und dem Kakao vermischen und sieben, in zwei Portionen und abwechselnd mit der Milch unterrühren. Alles zu einem zähflüssigen Teig verarbeiten, der schwer vom Löffel reißt. Den Teig dabei nicht zu lange rühren.

5 Mit einem Teelöffel 16 Teigkreise auf jedes der beiden Backbleche setzen (für insgesamt 32 Teigkreise). 10–12 Minuten im Backofen backen, bis sie leicht gebräunt und aufgegangen sind und bei leichter Berührung nachgeben. Herausnehmen und etwas abkühlen, dann auf einem Kuchengitter vollständig auskühlen lassen.

6 Für die Dekoration die Schokolade in der Mikrowelle oder im Wasserbad schmelzen. Beiseitestellen und abkühlen lassen.

7 Für die Füllung die Butter einige Minuten cremig rühren. Den Puderzucker sieben und nach und nach einrühren. Die geschmolzene Schokolade und die Milch hinzufügen. Alles zu einer Creme verarbeiten, die sich gut mit dem Spritzbeutel verarbeiten lässt. Gegebenenfalls noch etwas Milch einrühren.

8 Die Kuchen nach Form und Größe sortieren. Die Creme mit einem Spritzbeutel mit Sterntülle auf die flachen Seiten von 16 Kuchen spritzen oder mit einem Messer aufstreichen. Die Streusel und Perlen darauf verteilen und die Kuchen zusammensetzen. Dabei eine Seite etwas stärker zusammendrücken, damit sie wie Muscheln aussehen und die Streusel und Perlen auf der Buttercreme sichtbar sind.

Nährwertangaben: Energie 240 kcal/1006 kJ; Protein 2 g; Kohlenhydrate 34 g, davon Zucker 25 g; Fett 12 g, davon gesättigt 7 g; Cholesterin 41 mg; Kalzium 68 mg; Ballaststoffe 0 g; Natrium 157 mg

PRIVATDETEKTIV-
CUPCAKES

Kleine Detektive sollten immer einen Vorrat an Leckereien bei ihren Nachforschungen in der Tasche haben. Daher haben wir für sie eine besondere Art von Karamell-Cupcakes kreiert, mit passenden Motiven wie Fußabdrücken, einer Lupe oder fliehenden Mördern. Auch Taschenlampen aus Schokolade oder schwarze Fingerabdrücke sind denkbar.

➜ **Für 12 Stück**

FÜR DIE CUPCAKES

120 g weiche Butter
120 g Rohrzucker
2 Eier
1 TL Vanilleextrakt
120 g Mehl
1 TL Backpulver
50 g weiche Karamell-Bonbons
1–2 EL Milch

FÜR DIE DEKORATION

25 g weißer Rollfondant
80 g schwarzer Rollfondant
120 g Puderzucker
½ Eiweiß
½ TL Glyzerin
½ TL Zitronensaft (nach Belieben)
ca. 1 TL Wasser
gelbes Lebensmittelfarbgel
schwarze Glasur in der Tube

1 Den Backofen auf 180 °C vorheizen. Ein Muffinblech mit Cupcake-Förmchen auslegen.

2 Für die Kuchen die Butter einige Minuten cremig rühren. Den Zucker hinzufügen und alles zu einer lockeren Mischung verrühren. Die Eier verquirlen und mit dem Vanilleextrakt vermischen. Nach und nach unter kräftigem Rühren zur Butter-Zucker-Mischung geben. Dabei 1 TL Mehl mit einrühren, damit die Mischung nicht gerinnt. Das Mehl mit dem Backpulver vermischen und sieben. Die Karamell-Bonbons zerkleinern und mit dem Mehl unterheben. Dann nach und nach die Milch einrühren, bis ein zähflüssiger Teig entstanden ist, der schwer vom Löffel reißt.

3 Den Teig in die Förmchen füllen. Im Backofen 20–25 Minuten backen, bis die Kuchen leicht gebräunt und aufgegangen sind und bei leichter Berührung nachgeben. Herausnehmen und einige Minuten abkühlen, dann auf einem Kuchengitter vollständig auskühlen lassen.

4 Für die Dekoration den weißen Fondant ausrollen und 4 Kreise mit 1 cm Ø für die Lupen ausstechen. Aus dem schwarzen Fondant kleine Würstchen formen, um die Lupenlinsen legen und daraus jeweils den Griff formen. Den übrigen schwarzen Fondant ausrollen und daraus 4 Paar Quadrate und Rechtecke ausstechen, die dann zu Fußabdrücken geformt werden. Alles zum Trocknen beiseitestellen.

5 Den Puderzucker sieben und beiseitestellen. Das Eiweiß mit dem elektrischen Handrührer schaumig schlagen, nach und nach den Puderzucker einrieseln lassen und alles zu einem festen und glänzenden Schnee schlagen. Das Glyzerin und nach Belieben den Zitronensaft hinzufügen und ca. 5 Minuten weiterschlagen, bis der Eischnee sehr fest ist und Spitzen zieht.

6 1 TL Wasser in die Eiweißglasur einrühren, danach die Beschaffenheit durch Einschneiden mit einem Messer prüfen. Sollten Sie länger zählen müssen als bis 15, bis der Schnitt sich wieder schließt, noch etwas Wasser zugeben. Die Eiweißglasur gelb einfärben und damit die Cupcakes überziehen.

7 Die Dekoration aus Fondant auf den Cupcakes anbringen. Dabei darauf achten, dass die Fußabdrücke leicht versetzt sein sollten. Auf die übrigen Cupcakes mit der Tubenglasur die Umrisse einer flüchtenden Figur – die des Mörders – zeichnen.

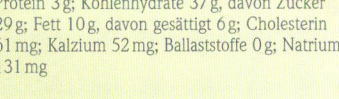

Nährwertangaben: Energie 238 kcal/1000 kJ; Protein 3 g; Kohlenhydrate 37 g, davon Zucker 29 g; Fett 10 g, davon gesättigt 6 g; Cholesterin 61 mg; Kalzium 52 mg; Ballaststoffe 0 g; Natrium 131 mg

Mit Kleidungsstücken verzierte Cupcakes sind wunderbar für kleine Mädchen.

Spiel und *Spaß*

... mit etwas Gold vom Ende des Regenbogens.

FIGURENPUZZLE-CUPCAKES

Diese Orangen-Cupcakes sind mit einem Figurenpuzzle dekoriert. Vier Köpfe, vier Körper und vier Paar Beine können vor dem Verzehr beliebig miteinander kombiniert werden. Versuchen Sie, Ihre Familie darzustellen oder gestalten Sie fantastische Kreaturen aus Tierköpfen und -körpern oder als Roboter oder Monster.

➡️ Für 12 Stück

FÜR DIE CUPCAKES
120 g weiche Butter
120 g Streuzucker (extrafein)
2 Eier
120 g Mehl
1 TL Backpulver
1 EL unbehandelter Orangenabrieb
1–2 EL Orangensaft

FÜR DIE DEKORATION
120 g Puderzucker
½ Eiweiß
½ TL Glyzerin
1 TL Orangensaft (nach Belieben)
1–2 TL Wasser
Lebensmittelfarbgel in verschiedenen Farben,
  u. a. grün
180 g weißer Rollfondant
flache Streusel (nach Belieben)
Glasur in der Tube (rot, blau, schwarz)

1 Den Backofen auf 180 °C vorheizen. Ein Muffinblech mit Cupcake-Förmchen auslegen.

2 Für die Kuchen die Butter einige Minuten cremig rühren. Den Zucker hinzufügen und alles zu einer lockeren Mischung verrühren. Die Eier verquirlen und nach und nach unter kräftigem Rühren zur Butter-Zucker-Mischung geben. Dabei 1 TL Mehl mit einrühren, damit die Mischung nicht gerinnt. Das Mehl und das Backpulver mischen, sieben und mit der Orangenschale vermengen. Nach und nach die Mehlmischung und den Orangensaft einrühren. Einen zähflüssigen Teig herstellen, der schwer vom Löffel reißt.

3 Den Teig in die Förmchen füllen. Im Backofen 20–25 Minuten backen, bis die Kuchen leicht gebräunt und aufgegangen sind und bei leichter Berührung nachgeben. Herausnehmen und einige Minuten abkühlen, dann auf einem Kuchengitter vollständig auskühlen lassen.

4 Für die Dekoration den Puderzucker sieben und beiseitestellen. Das Eiweiß mit dem elektrischen Handrührer schaumig schlagen, nach und nach den Puderzucker einrieseln lassen und alles zu einem festen und glänzenden Schnee schlagen. Das Glyzerin und nach Belieben den Orangensaft hinzufügen und ca. 5 Minu-

ten weiterschlagen, bis der Eischnee sehr fest ist und Spitzen zieht.

5 1 TL Wasser in die Eiweißglasur einrühren, danach ihre Beschaffenheit durch Einschneiden mit einem Messer prüfen. Sollten Sie länger zählen müssen als bis 15, bis der Schnitt sich wieder schließt, noch etwas Wasser zugeben. Die Glasur grün einfärben und die Cupcakes damit überziehen.

6 Ca. ⅓ des weißen Fondants hautfarben einfärben. ¼ davon zu Armen, Hälsen und Köpfen formen.

7 ¼ des übrigen Fondants für das Modellieren der Schuhe beiseitestellen und den Rest in vier gleiche Teile teilen. Jeden davon in einer anderen Farbe einfärben und daraus verschiedene Kleidungsstücke formen und dekorieren, nach Belieben auch mit bunten, flachen Streuseln.

8 Die Cupcakes mit den Formen (Kopf, Körper, Beine Schuhe, Kleidungsstücke) farblich passend dekorieren. Nase, Mund und Augen mit einem Holzspießchen einritzen.

Nährwertangaben: Energie 244 kcal/1030 kJ; Protein 2 g; Kohlenhydrate 41 g, davon Zucker 33 g; Fett 9 g, davon gesättigt 5 g; Cholesterin 60 mg; Kalzium 44 mg; Ballaststoffe 0 g; Natrium 116 mg

SOMMERFERIEN-CUPCAKES

Drachen, Sandburgen und Fische – Urlaub am Meer: ein heiteres Thema zur Dekoration dieser Zitronen-Cupcakes. Auch rote und gelbe Strandbälle, Segelboote oder Schwimmringe sind zum Verzieren denkbar. Zum Auftragen von kleinen Mengen an Glasur ist es ratsam, eine kleine Pergamentspritztüte zu basteln (siehe S. 13).

➡ **Für 12 Stück**

FÜR DIE CUPCAKES

120 g weiche Butter
120 g Streuzucker (extrafein)
2 Eier
120 g Mehl
1 TL Backpulver
1 TL unbehandelter Zitronenabrieb
1–2 EL Zitronensaft

FÜR DIE DEKORATION

180 g Puderzucker
¾ Eiweiß
1 TL Glyzerin
1 TL Zitronensaft (nach Belieben)
1–2 TL Wasser
Lebensmittelfarbgel (blau, gelb, rot)
180 g weißer Rollfondant

1 Den Backofen auf 180 °C vorheizen. Ein Muffinblech mit Cupcake-Förmchen auslegen.

2 Für die Kuchen die Butter einige Minuten cremig rühren. Den Zucker hinzufügen und alles zu einer lockeren Mischung verrühren. Die Eier verquirlen und nach und nach unter kräftigem Rühren zur Butter-Zucker-Mischung geben. Dabei 1 TL Mehl mit einrühren, damit die Mischung nicht gerinnt. Das Mehl und das Backpulver mischen, sieben und mit der Zitronenschale vermengen. Nach und nach die Mehlmischung und den Zitronensaft einrühren. Einen zähflüssigen Teig herstellen, der schwer vom Löffel reißt.

3 Den Teig in die Förmchen füllen. Im Backofen 20–25 Minuten backen, bis die Kuchen leicht gebräunt und aufgegangen sind und bei leichter Berührung nachgeben. Herausnehmen und einige Minuten abkühlen, dann vom Blech nehmen und auf einem Kuchengitter vollständig auskühlen lassen.

4 Für die Dekoration den Puderzucker sieben und beiseitestellen. Das Eiweiß mit dem elektrischen Handrührer schaumig schlagen, nach und nach den Puderzucker einrieseln lassen und alles zu einem festen und glänzenden Schnee schlagen. Das Glyzerin und nach Belieben den Zitronensaft hinzufügen und ca. 5 Minuten weiterschlagen, bis der Eischnee sehr fest ist und Spitzen zieht.

5 ⅓ der Eiweißglasur beiseitestellen und abdecken. 1 TL Wasser in die restliche Eiweißglasur einrühren, da-

nach die Beschaffenheit durch Einschneiden mit einem Messer prüfen. Sollten Sie länger zählen müssen als bis 15, bis der Schnitt sich wieder schließt, noch etwas Wasser zugeben. Die Glasur blau einfärben und die Cupcakes damit überziehen.

6 Die Hälfte des Fondants gelb einfärben, die andere Hälfte rot. Den Fondant ausrollen und daraus jeweils zwei Drachen ausschneiden. Diese vierteln und mit versetzt angeordneten Farben auf den Cupcakes zusammensetzen. 12 kleine Schleifen ausschneiden. Die zurückbehaltene Eiweißglasur gelb einfärben, in eine kleine Pergamentspritztüte füllen und die Drachenschnüre aufspritzen. Jeweils drei Schleifchen an den Schnüren anbringen.

7 Die Sandburgen aus gelbem Fondant ausschneiden sowie vier kleine Fähnchen und Tore aus dem roten. Ebenso vier Fische aus dem roten Fondant ausschneiden und mit gelber Eiweißglasur die Augen, die Fischschuppen und einige Luftblasen aufzeichnen.

Nährwertangaben: Energie 264 kcal/1112 kJ; Protein 3 g; Kohlenhydrate 46 g, davon Zucker 39 g; Fett 9 g, davon gesättigt 5 g; Cholesterin 60 mg; Kalzium 44 mg; Ballaststoffe 0 g; Natrium 117 mg

MINI-MACARON-LOLLIPOPS

Kleine Macarons auf Lutscherstielen in bunten Farben sind bei Kindern sehr beliebt. Wenn sie nach den Anweisungen im Rezept hergestellt werden, geht es ganz leicht. Nach Belieben können auch mehrere Farben miteinander kombiniert werden. Allerdings sollten Sie dann zwei getrennte Teige anrühren.

➼ Für ca. 30 Stück

FÜR DIE MACARONS
90 g gemahlene Mandeln
120 g Puderzucker
80 g Eiweiß (von 2 Eiern, Größe M)
50 g Streuzucker (extrafein)
Lebensmittelfarbgel (grün)
Zuckerstreusel in beliebigen Farben

FÜR DIE FÜLLUNG
50 g weiche Butter
120 g Puderzucker
1–2 TL Zitronensaft
Lebensmittelfarbgel (gelb)
ca. 30 Stiele
ca. 30 Papierförmchen
   zum Servieren (nach Belieben)

Tipp

Bestreuen Sie die Macarons gleich nach dem Aufspritzen des Teigs mit bunten Zuckerstreuseln in beliebigen Farben. So kleben sie gut an der Teigoberfläche. Natürlich können Sie auch individuelle Farbkombinationen zusammenstellen.

1 Zwei Backbleche mit Backpapier auslegen.

2 Die gemahlenen Mandeln und den Puderzucker vermischen, in eine Schüssel sieben und beiseitestellen.

3 Das Eiweiß in eine große, fettfreie Schüssel geben und mit einem elektrischen Handrührer steif schlagen, bis der Eischnee Spitzen zieht. Den Streuzucker dazugeben und weiterschlagen, bis ein sehr fester und glänzender Eischnee entstanden ist. Danach grün einfärben.

4 Die Zucker-Mandelmischung in zwei Portionen unter den Eischnee heben und alles 2 weitere Minuten vorsichtig vermischen, bis der Eischnee wie ein Band vom Löffel fließt.

5 Die Mischung in einen Spritzbeutel mit Lochtülle füllen. 60–70 Teigkleckse mit ca. 2,5–3 cm Ø auf die Backbleche aufspritzen und die Macarons nach Belieben mit bunten Zuckerstreuseln bestreuen.

6 Die Kleckse noch weitere 30 Minuten auf den Backblechen ruhen lassen, bis sich eine dünne Haut gebildet hat. Dann erhalten die Macarons das charakteristische Füßchen auf der Unterseite. Den Backofen auf 160 °C vorheizen.

7 Die Macarons 10–12 Minuten im Backofen backen, bis sie aufgegangen sind und das Füßchen eine leichte Farbe bekommen hat. Die Macarons auf dem Backblech vollständig abkühlen lassen und mit einem Messer von der Unterlage lösen.

8 Die Butter cremig rühren. Nach und nach unter kräftigem Rühren den Puderzucker einrieseln lassen. So viel Zitronensaft dazugeben, dass die Creme geschmeidig wird und sich gut mit dem Spritzbeutel verarbeiten lässt. Die Buttercreme gelb einfärben.

9 Die Schalen nach Größe und Form sortieren. Die Buttercreme auf die flachen Seiten aufspritzen und die Macarons zusammensetzen. Dabei jeweils einen Lutscherstängel in die Buttercreme stecken und alles über Nacht ruhen lassen. Nach Belieben in Papierförmchen servieren.

Nährwertangaben: Energie 68 kcal/288 kJ; Protein 1 g; Kohlenhydrate 10 g, davon Zucker 10 g; Fett 3 g, davon gesättigt 1 g; Cholesterin 4 mg; Kalzium 8 mg; Ballaststoffe 0 g; Natrium 16 mg

Mini-Macarons sind ein besonderer Leckerbissen für Kinder ...

HÖRNCHEN MIT HIMBEERCREME

Eiscreme-Hörnchen mit abgeflachtem Boden sind eine prima Alternative zu klassischen Cupcakes und für Kindergeburtstage hervorragend geeignet. Die Füllung aus Himbeercreme ist schnell aus frischen Beeren hergestellt, kann aber auch mithilfe von Tiefkühlware oder einer fertigen Himbeersoße angerührt werden.

➡ **Für 12 Stück**

FÜR DIE CUPCAKES
12 flache Eiscreme-Hörnchen
120 g weiche Butter
120 g Streuzucker (extrafein)
2 Eier
1 TL Vanilleextrakt
120 g Mehl
1 TL Backpulver
80 g weiße Schokochips
1–2 EL Milch

FÜR DIE BUTTERCREME
150 g Himbeeren
1 TL Zitronensaft
180 g weiche Butter
350 g Puderzucker

FÜR DIE DEKORATION:
12 frische Hmbeeren und einige
   gefriergetrocknete Himbeeren

Variationen

Der Teig wie auch die Buttercreme können mit Pfefferminze (Bonbons oder Sirup) aromatisiert werden. Als Dekoration kommen dann weiße Schokoladenchips in Frage.

1 Den Backofen auf 180 °C vorheizen. Die flachen Hörnchen in eine Muffin-Backform stellen.

2 Für den Cupcake-Teig die Butter einige Minuten cremig rühren. Den Zucker hinzufügen und alles zu einer lockeren Mischung verrühren.

3 Die Eier verquirlen und mit dem Vanilleextrakt vermischen. Nach und nach unter kräftigem Rühren zur Butter-Zucker-Mischung geben. Dabei 1 TL Mehl mit einrühren, damit die Mischung nicht gerinnt. Das Mehl und das Backpulver mischen und sieben. Nach und nach die Mehlmischung, die Schokochips und die Milch einrühren. Einen zähflüssigen Teig herstellen, der schwer vom Löffel reißt.

4 Den Teig in die Hörnchen füllen. Im Backofen 20–25 Minuten backen, bis die Kuchen leicht gebräunt und aufgegangen sind und bei leichter Berührung nachgeben. Herausnehmen und einige Minuten abkühlen, dann vom Blech nehmen und auf einem Kuchengitter vollständig auskühlen lassen.

5 Für die Buttercreme die restlichen Himbeeren mit dem Zitronensaft in einen kleinen Topf geben und vorsichtig erhitzen, bis die Beeren Saft lassen und weich sind. Durch ein Sieb passieren, die Samen entfernen und das Fruchtpüree zurück in den Topf geben. 5–6 Minuten unter vorsichtigem Rühren leicht köcheln lassen, bis das Püree auf ⅓ eingedickt ist, dann in eine Schüssel geben und vollständig abkühlen lassen. Es sollten ca. 3–4 EL Himbeerpüree zurückbleiben.

6 Die Butter cremig rühren. Nach und nach unter kräftigem Rühren den Puderzucker einrieseln lassen. Das abgekühlte Himbeerpüree esslöffelweise unterrühren.

7 Die Buttercreme in einen Spritzbeutel mit Sterntülle füllen und auf die Kuchen spritzen. Jeweils eine Himbeere daraufsetzen und mit gefriergetrockneten Himbeerstückchen bestreuen.

Nährwertangaben: Energie 433 kcal/1818 kJ; Protein 4 g, Kohlenhydrate 56 g, davon Zucker 45 g; Fett 23 g, davon gesättigt 14 g; Cholesterin 91 mg; Kalzium 77 mg; Ballaststoffe 2 g; Natrium 212 mg

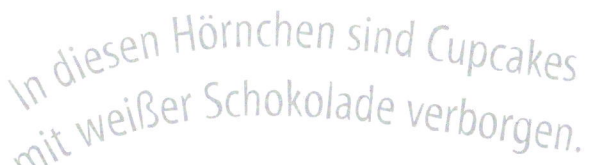

In diesen Hörnchen sind Cupcakes mit weißer Schokolade verborgen.

Ein Löffel Konfitüre ergibt saftige Cupcakes.

Köstlich
und
lecker

*Pfefferminz-
Schokostreusel
lösen immer große
Begeisterung
aus.*

ERDBEER-CREME-
CUPCAKES

Alle essen im Sommer gerne Erdbeeren. Jeder dieser Cupcakes ist mit einer Erdbeerkonfitüre gefüllt und mit einem Klecks Schlagsahne sowie einer Erdbeere dekoriert. Das Rezept kann ebenso mit Himbeeren oder anderen weichen Früchten abgewandelt werden.

➤ **Für 12 Stück**

FÜR DIE CUPCAKES
120 g weiche Butter
120 g Streuzucker (extrafein)
2 Eier
½ TL Vanilleextrakt
120 g Mehl

1 TL Backpulver
1–2 EL Milch
ca. 120 g Erdbeerkonfitüre

FÜR DIE DEKORATION
180 ml süße Sahne
2 TL Streuzucker (extrafein)
6–8 frische Erdbeeren

Tipp

Wenn die Cupcakes feucht sein sollen, kann man die Erdbeer-marmelade durch ca. 75–100 g frische, zerkleinerte Erdbeeren ersetzen, die in den Teig einge-rührt werden. Die Cupcakes sollten dann 25–30 Minuten gebacken werden.

1 Den Backofen auf 180 °C vorheizen. Ein Muffinblech mit Cupcake-Förmchen auslegen.

2 Für den Cupcake-Teig die Butter einige Minuten cremig rühren. Den Zucker hin-zufügen und alles zu einer lockeren Mischung verrühren.

3 Die Eier verquirlen und mit dem Vanilleextrakt vermischen. Nach und nach unter kräftigem Rühren zur Butter-Zucker-Mischung geben. Dabei 1 TL Mehl mit einrühren, damit die Mischung nicht gerinnt.

4 Das Mehl und das Backpulver mischen und sieben. Nach und nach die Mehl-mischung und die Milch einrühren. Einen zähflüssigen Teig herstellen, der schwer vom Löffel reißt.

5 Die Förmchen mit dem Teig befüllen, in die Mitte eine kleine Mulde drücken und ½ TL Konfitüre hineingeben. Im Backofen 20–25 Minuten backen, bis die Kuchen leicht gebräunt und aufgegangen sind und bei leichter Berührung nach-geben. Herausnehmen und einige Minuten abkühlen, dann auf einem Kuchen-gitter vollständig auskühlen lassen.

6 Kurz vor dem Servieren für die Dekoration die Sahne mit dem Zucker steif schlagen. In einen Spritzbeutel mit Sterntülle füllen und die Cupcakes mit einem Sahnehäubchen dekorieren. Die Erdbeeren waschen, trocknen und in Scheiben schneiden. Jeweils einige Scheiben auf dem Sahnehäubchen anordnen.

Nährwertangaben: Energie 258 kcal/1079 kJ; Protein 3 g; Kohlenhydrate 26 g, davon Zucker 18 g; Fett 17 g, davon gesättigt 10 g; Cholesterin 80 mg; Kalzium 53 mg; Ballaststoffe 1 g; Natrium 114 mg

ZITRONEN-ROSINEN-CUPCAKES

Tipp

Für eine einfache Zitronenglasur
werden Saft und Schale einer
unbehandelten Zitrone mit 75 g
Streuzucker (extrafein) verrührt
und auf den Cupcakes verteilt,
sobald diese aus dem Ofen
kommen.

Kleines Rosinengebäck schmeckt für sich alleine schon sehr gut, doch wenn
man es noch mit Zitronenglasur überzieht, wird daraus eine unwiderstehliche Leckerei.
Zum Verzieren wurden kleine Gänseblümchen aus Esspapier verwendet, jedoch kann man
die Blütendekoration auch aus Rollfondant selbst herstellen.

➡➡ **Für 12 Stück**

FÜR DIE CUPCAKES

120 g weiche Butter
120 g Streuzucker (extrafein)
2 Eier
120 g Mehl
1 TL Backpulver
1 TL unbehandelter Zitronenabrieb
1–2 EL Zitronensaft

FÜR DIE DEKORATION

150 g Puderzucker
2–2 ½ EL Wasser oder Zitronensaft
12 essbare Deko-Blüten
bunte Zuckerstreusel

1 Den Backofen auf 180 °C vorheizen. Ein Muffinblech
mit Cupcake-Förmchen auslegen.

2 Für den Cupcake-Teig die Butter einige Minuten cremig rühren. Den Zucker hinzufügen und alles zu einer
lockeren Mischung verrühren.

3 Die Eier verquirlen. Nach und nach unter kräftigem
Rühren zur Butter-Zucker-Mischung geben. Dabei 1 TL
Mehl mit einrühren, damit die Mischung nicht gerinnt.

4 Das Mehl und das Backpulver mischen und sieben.
Nach und nach die Mehlmischung, den Zitronenabrieb
und den -saft einrühren. Einen zähflüssigen Teig herstellen, der schwer vom Löffel reißt.

5 Die Förmchen mit dem Teig befüllen. Im Backofen
20–25 Minuten backen, bis die Kuchen leicht gebräunt
und aufgegangen sind und bei leichter Berührung nachgeben. Herausnehmen und einige Minuten abkühlen,
dann auf einem Kuchengitter vollständig auskühlen
lassen.

6 Für die Dekoration den Puderzucker teelöffelweise
mit dem Zitronensaft verrühren, bis man eine dickflüssige Glasur erhält, die sich gut auf die Cupcakes streichen
lässt. Die Kuchen mit der Glasur überziehen und mit
den Blüten und den Zuckerstreuseln verzieren.

Nährwertangaben: Energie 222 kcal/9 3 kJ; Protein 2 g; Kohlenhydrate 35 g,
davon Zucker 28 g; Fett 9 g, davon gesättigt 5 g; Cholesterin 60 mg; Kalzium
45 mg; Ballaststoffe 1 g; Natrium 113 mg

SCHOKO-WHOOPIE-PIES

MIT MARSHMALLOWS UND PFEFFERMINZ

 **Für 16 Stück**

FÜR DIE WHOPPIE PIES

6 EL weiche Butter
130 g Rohrzucker
1 Ei
1 TL Vanilleextrakt
180 g Mehl
2 TL Backpulver
30 g Kakao
120 ml Milch

FÜR DIE FÜLLUNG

80 g weiche Butter
150 g Puderzucker
4–5 Tropfen Pfefferminzextrakt
150 g Marshmallow-Creme

FÜR DIE DEKORATION

150 g Puderzucker
2–2½ EL Wasser oder Zitronensaft
Lebensmittelfarbgel (grün)
weiße Zuckerperlen

1 Den Backofen auf 190 °C vorheizen. Zwei Backbleche mit Backpapier auskleiden.

2 Für die Whoopie Pies die Butter einige Minuten cremig rühren. Den Zucker hinzufügen und alles zu einer lockeren Mischung verrühren. Das Ei verquirlen und mit dem Vanilleextrakt vermischen. Nach und nach unter kräftigem Rühren zur Butter-Zucker-Mischung geben.

3 Das Mehl, das Backpulver und den Kakao mischen und sieben. Die Mehlmischung in zwei Portionen abwechselnd mit der Milch einrühren. Alles gut vermischen.

4 Mit einem Teelöffel 16 Teigkreise auf jedes der beiden Backbleche setzen (für insgesamt 32 Teigkreise). 10–12 Minuten im Backofen backen, bis sie leicht gebräunt und aufgegangen sind und bei leichter Berührung nachgeben. Herausnehmen und etwas abkühlen, dann mithilfe eines Messers vom Backblech lösen und auf einem Kuchengitter vollständig auskühlen lassen.

5 Für die Füllung die Butter cremig rühren. Den Puderzucker sieben und unter Rühren nach und nach hinzufügen. Den Pfefferminzextrakt und die Marshmallow-Creme dazugeben und alles zu einer gleichmäßigen Creme verrühren.

6 Die Kuchen nach Form und Größe sortieren. Die Creme mit einem Spritzbeutel mit Sterntülle auf die flachen Seiten von 16 Kuchen spritzen oder mit einem Messer aufstreichen. Die Kuchen zusammensetzen.

7 Für die Glasur den Puderzucker sieben und teelöffelweise das Wasser oder den Zitronensaft einrühren, bis die Glasur eine streichfähige Konsistenz hat. Die Glasur blassgrün einfärben und auf die gefüllten Whoopie Pies streichen. Mit Zuckerperlen bestreuen und antrocknen lassen.

Nährwertangaben: Energie 254 kcal/1070 kJ; Protein 2 g; Kohlenhydrate 45 g, davon Zucker 34 g; Fett 9 g, davon gesättigt 5 g; Cholesterin 35 mg; Kalzium 60 mg; Ballaststoffe 0 g; Natrium 142 mg

Diese Schoko-Whoopie-Pies sind mit einer lockeren Pfefferminz-Creme gefüllt und eine bei Kindern besonders beliebte Geschmackskombination. Einer ihrer Bestandteile ist Marshmallow-Creme, die traditionelle, leckere Füllung von Whoopie Pies, die mittlerweile in vielen Supermärkten erhältlich ist.

REGISTER

Erstveröffentlichung unter dem Titel:
„Cupcakes for Kids"
© Lorenz Books, ein Imprint von
Anness Publishing Ltd, 2014

Genehmigte Lizenzausgabe
EDITION XXL GmbH
Fränkisch-Crumbach 2014
www.edition-xxl.de

Herausgeber: Joanna Lorenz
Studio-Fotografie: William Lingwood
Food-Stylist: Lucy McElvie
Ausstattung: Lisa Harrison
Außenaufnahmen: Josie Ainscough
Design: Jane McKenna
Mit besonderem Dank an die Modelle:
Cressida, Maia, Bella, Holly, Freddie, Sam
und Peter
Bildnachweis Shutterstock:
Agnes Kantaruk 17

ISBN (13) 978-3-89736-465-3
ISBN (10) 3-89736-465-4